Geniale Teams

C(

Warren Bennis, Professor für Betriebswirtschaft an der Universität von Südkalifornien, ist Autor des Bestsellers *Führungskräfte* (bei Campus 1992 in der 5. Auflage erschienen). Er gilt als einer der führenden Experten zum Thema Führung. Warren Bennis war Berater der letzten vier amerikanischen Präsidenten und wird regelmäßig von führenden Unternehmen konsultiert. *Patricia Ward Biederman* arbeitet als Journalistin für die *Los Angeles Times*.

Warren Bennis, Patricia Ward Biederman

Geniale Teams

Das Geheimnis kreativer Zusammenarbeit

Mit einem Vorwort von Charles Handy

Aus dem Englischen von Leonore Hoffmann

Campus Verlag
Frankfurt/New York

Die Originalausgabe erschien 1997 unter dem Titel
»Organizing Genius« bei Addison-Wesley.
Copyright © 1997 Warren Bennis und Patricia Ward Biederman
Vorwort Copyright © 1997 Charles Handy

Die Deutsche Bibliothek – CIP-Einheitsaufnahme

Bennis, Warren G.:
Geniale Teams : das Geheimnis kreativer Zusammenarbeit /
Warren Bennis ; Patricia Ward Biederman. Mit einem Vorw.
von Charles Handy. Aus dem Engl. von Leonore Hoffmann. –
Frankfurt/Main ; New York: Campus Verlag, 1998
Einheitssacht.: Organizing genius <dt.>
ISBN 3-593-35902-2

Das Werk einschließlich aller seiner Teile ist urheberrechtlich geschützt.
Jede Verwertung ist ohne Zustimmung des Verlags unzulässig. Das gilt
insbesondere für Vervielfältigungen, Übersetzungen, Mikroverfilmungen
und die Einspeicherung und Verarbeitung in elektronischen Systemen.
Copyright © 1998 Campus Verlag GmbH, Frankfurt/Main
Umschlaggestaltung: Guido Klütsch, Köln
Umschlagmotiv: © dpa
Satz: Satzspiegel, Bovenden
Druck und Bindung: Media-Print, Paderborn
Gedruckt auf säurefreiem und chlorfrei gebleichtem Papier
Printed in Germany

Inhalt

Vorwort

Es gibt Teams und es gibt geniale Teams. Aus dem einen das andere zu machen, ist sicherlich der Traum jeder Führungspersönlichkeit. Dieses Buch verrät die Tricks, provoziert Fragen – ohne das Rätsel restlos lösen zu wollen. »Geniale Teams drücken eine Delle ins Universum«, rief Steve Jobs seinem Team zu, das den Macintosh bauen sollte. Solche Teams blitzen für kurze Zeit auf wie eine Rakete, um gleich darauf wieder zu verschwinden, nachdem sie uns ihre Schöpfung hinterlassen haben – einen bahnbrechenden Computer, die erste Atombombe oder eine Familie Zeichentrickfiguren, die alle Welt begeistern. Können diese Teams ihr Kunststück wiederholen, fragt man sich, oder sind sie wie Schmetterlinge, denen lediglich eine schöne, wenn auch kurze Existenz vergönnt ist? Gibt es für die Teammitglieder ein »Leben danach«, oder müssen sie sich mit jener Form der Unsterblichkeit zufriedengeben, die ihnen ihre Leistung garantiert?

Warren Bennis besitzt die große Gabe, dort Botschaften und Zusammenhänge zu entdecken, wo wir übrigen lediglich Ereignisse sehen oder Nachrichten von gestern. In ihrem Buch gelingt es Warren Bennis und Patricia Ward Biederman, vor unseren Augen die Vergangenheit lebendig werden zu lassen und über jenes »Ich-wünschte-ich-wäre-dabeigewesen-Gefühl« hinaus Lehren fürs Leben und für die Arbeit zu ziehen, die uns alle angehen, insbesondere jene, die in ihrem eigenen kleinen Universum etwas Außergewöhnliches erreichen möchten.

Der Stil dieser beiden Autoren ist derart subtil, daß das Unterbewußtsein des Lesers ihre Botschaften unmittelbar aufnimmt – Lernen ohne Mühe! Wie oft habe ich in der Vergangenheit stolz eine persönliche neue Erkenntnis präsentiert, nur um später beschämt festzustellen, daß mein scheinbar origineller Gedanke ursprünglich aus einem von Bennis' Büchern stammte. Auch mit diesem Buch wird es mir vermutlich nicht anders gehen. Die Geschichten sechs ebenso unterschiedlicher wie genialer Teams sind so lebendig gezeichnet, daß sie dem Leser die intime Erfahrung des Voyeurs vermitteln. Darüber hinaus lernt er mit Unterstützung der Autoren womöglich mehr über das jeweilige Team als die unmittelbar Beteiligten selbst.

Ähnlich dem Versuch, aus Katzen Herdentiere zu machen, ist das »Organisieren« solch genialer Menschen eigentlich ein Widerspruch in sich – erstrebenswert, aber im Grunde nicht realisierbar. Bennis und Biederman jedoch präsentieren – hübsch zusammengefaßt im Schlußkapitel dieses Buches – fünfzehn Tips, wie man es dennoch schaffen kann – einige davon regelrecht verblüffend: Nicht das Geld ist es, das zählt, sondern allem Anschein nach die mit der Aufgabe verbundene Herausforderung. Man fragt sich unwillkürlich, ob das noch immer steigende Einkommen unserer Manager womöglich ein Eingeständnis des Fehlens jeglicher Begeisterung für die Sache ausdrückt. Talent – so fand das Autorenteam ebenfalls heraus – braucht eine eigene Nische. In genialen Teams sind die Rollen nicht austauschbar, wir schließen also womöglich die Chance zur Genialität aus, wenn wir – im Namen der Effizienz – auf Austauschbarkeit innerhalb unserer Arbeitsgruppen beharren. Tatsächlich wird der Begriff »Effizienz« bei den in diesem Buch beschriebenen Teams nicht allzu häufig benutzt. Getrieben vom Glauben an ihre Mission, gleichgültig gegenüber Arbeitsaufwand oder Arbeitsbedingungen, streben jene Teams nicht nach Geld, sondern danach, Außergewöhnliches zu erreichen. Wirken da Begriffe wie Effizienz, Produktivität und die Erwartung sofortiger Resultate möglicherweise als Barrikaden?

Faszinierende Fragen wie diese verbergen sich hinter Bennis' und Biedermans Geschichten genialer Teams. Die heikelste heben sie bis zuletzt auf: Könnte es sein, daß die Begeisterung für eine spezielle Aufgabe unsere Urteilsfähigkeit hinsichtlich möglicher Konsequenzen trübt? Eine Frage, mit der sich besonders einige Mitglieder des Los-Alamos-Teams, das die erste Atombombe herstellte, quälten – allerdings erst, nachdem ihre Aufgabe erfüllt war. Mit anderen Worten: Lassen wir zu häufig den Zweck die Mittel heiligen?

Warren Bennis schreibt seit Jahrzehnten scharfsinnig über Organisationen und Führungspersönlichkeiten. Seit ich ihn vor dreißig Jahren zum ersten Mal auf dem Flur der Sloan School of Management beim Massachusetts Institute of Technology traf, übt er einen prägenden Einfluß auf mein Leben aus – ebenso wie auf das Leben vieler anderer. Als Präsident einer großen Universität hat er – anders als die meisten Professoren – immer mutig praktiziert, was er lehrte. Deshalb entfaltet sich in Geniale Teams seine ganz besondere Weisheit, eine reiche Mischung weitgefächerten Wissens und tiefer Erfahrung. Wie die meisten guten Bücher regt es uns bei unserem Lesevergnügen zum Nachdenken an.

Viel zu oft werden Unternehmen als Gefängnisse für die menschliche Seele empfunden. Dieses Buch zeigt uns einen Hoffnungsschimmer: Vielleicht entwickeln sich zumindest Teile von ihnen zu Quellen neuen Lebens. Ich habe Geniale Teams mit großem Behagen gelesen – andere werden es zweifellos ebenso tun.

Charles Handy

Einleitung

Die Idee zu diesem Buch wurde vor vierzig Jahren bei einem Gespräch mit Margaret Mead geboren. Frau Mead war damals bereits weltberühmt durch ihre kulturanthropologischen Studien, ich selbst war lediglich ein frischgebackener Assistenzprofessor für Ökonomie am Massachusetts Institute of Technology. An einem verschneiten Winterabend in Cambridge hatte ich mich aufgemacht, um eine ihrer Vorlesungen an der Universität von Harvard zu besuchen. Im Anschluß daran stellte ich mich ihr vor, und wir kamen ins Plaudern. Damals war mein Interesse gerade erst erwacht, das Phänomen außergewöhnlicher Gruppen zu untersuchen, in denen begabte Menschen in der Regel viel mehr erreichen, als wenn sie im Alleingang arbeiten. Irgendwann würde ich gern ein Buch schreiben, gestand ich Frau Mead, das von der Zusammenarbeit ungewöhnlich begabter Menschen handeln sollte, die die Welt verändert haben.

»Eine großartige Idee!« antwortete sie, »um so mehr, als bisher noch niemand darauf gekommen ist. Ich denke, es sollte den Titel «Weise Gruppen» bekommen.«

Jahrzehnte vergingen, bevor ich das Buch über kreative

Zusammenarbeit beenden konnte. In der Zwischenzeit beschäftigte ich mich intensiv mit dem Thema Menschenführung in seinen unterschiedlichen Formen. Viele hundert Führungspersönlichkeiten verschiedenster Disziplinen mußten befragt werden, um herauszufinden, welche Einstellungen und welches Verhalten manchen von ihnen zum Erfolg verhelfen, während andere versagen. Parallel wurden die Strategien, mit denen Unternehmen auf Veränderungen reagieren, einer detaillierten Untersuchung unterzogen – in unserer schnellebigen Zeit ein äußerst wichtiger Punkt. Ziemlich rasch stellte sich heraus, wie überholt die Verfahrenskonventionen insbesondere in Hinblick auf den Umgang mit Gruppenphänomenen mittlerweile sind. Die interessantesten Teams nämlich – solche, die die Welt aufgerüttelt haben und denen wir dieses Buch widmen – sind das Resultat der von gegenseitiger Achtung geprägten Verbindung einer fähigen Führungspersönlichkeit mit einer Gruppe außergewöhnlicher Menschen. Teams leisten Großes nur dann, wenn jedes ihrer Mitglieder die Möglichkeit erhält, sein oder ihr Allerbestes zu geben. Dieses Buch will aufzeigen, wie man für begabte Menschen ein Klima schafft, in dem Überragendes, ja Großartiges entstehen kann. Meiner festen Überzeugung nach kann in unserer darwinistisch orientierten Wirtschaft letzten Endes nur dasjenige Unternehmen überleben, das einen produktiven Zugang zum Kreativitätspotential ihrer Mitarbeiter findet.

Das Buch selbst entstammt einer fruchtbaren Zusammenarbeit mit Patricia Ward Biederman, einer begabten Autorin, die nicht nur gelegentlich Co-Autorin meiner Bücher, sondern auch seit vielen Jahren eine gute Freundin ist. Wie Sie sehen, haben wir uns für einen anderen Titel als den von Margaret Mead vorgeschlagenen entschieden: *Geniale*

Teams – das Geheimnis kreativer Zusammenarbeit enthält geschichtliche Betrachtungen ebenso wie praktische Anleitungen. Auch gehen wir der Frage nach, warum einige Gruppen Großartiges leisten, während andere sich vergeblich bemühen.

Warren Bennis
Santa Monica, Kalifornien
November 1996

Die Entzauberung des einsamen Helden

»Kein einzelner ist so klug wie wir alle zusammen«

Der Mythos vom glorreichen Einzelkämpfer ist tief in der Psyche der Amerikaner verwurzelt. Wir sind eine Nation, die verliebt ist in Helden – unerschütterliche Autodidakten, die Herausforderungen lieben und sich den Widrigkeiten des Schicksals tapfer stellen. Weil unsere Vorstellung von Menschenführung so stark mit dem Heldenmythos verwoben ist, wirkt die Differenzierung zwischen Führer und Held (und Berühmtheit) sehr verschwommen. In unserer Gesellschaft wird Führungsfähigkeit zu oft als eine dem Individuum innewohnende Qualität angesehen. Dabei wissen wir doch alle, wie Zusammenarbeit und Kooperation mit jedem Tag wichtiger werden. Unsere schrumpfende Welt, in der politische und technologische Vorgänge sich immer mehr beschleunigen, bietet kaum noch Tätigkeitsfelder, in denen individuelle Leistungen ausreichen. Deshalb sprechen wir gern von der Notwendigkeit des Teamworks und sind empfänglich für die japanische Definition von Management. Doch trotz der schönen Rhetorik befürworten wir die Zusammenarbeit in einer Kultur, in der Menschen danach streben, sich als einzelne voneinander abzugrenzen; Status und Anerkennung sind dem Individuum zugeordnet – nicht der Gruppe. Immer noch galoppiert der einsame Held durch unsere Vorstellungswelt

Dabei gab es zu allen Zeiten Menschen, die sich zu Gruppen zusammenschlossen, um – oft ohne einen bewußten Entwurf – in kollektivem Bemühen etwas nie Dagewesenes, Großartiges zu schaffen. Die Schule des Bauhauses, das Manhattan-Projekt, das Guarneri-Quartett, die jungen Filmschaffenden um Francis Ford Coppola und George Lucas, die fast noch jugendlichen Wissenschaftler und Hacker, die einen völlig neuen Computertypus schufen, und die Erfinder des Internet sind Beispiele für erfolgreiche Gruppen, die die Welt auf unterschiedlichste Art und Weise umgeformt haben.

Unsere technisch hochentwickelte, komplexe Gesellschaft verlangt für ihre vorrangigsten Projekte die koordinierten Beiträge vieler talentierter Menschen. Egal, ob es darum geht, ein globales Unternehmen aufzubauen oder die Geheimnisse des menschlichen Gehirns zu ergründen, eine einzelne Person wird niemals das Ziel erreichen, wie ausdauernd und begabt sie oder er auch sein mag. Zu viele Probleme müssen identifiziert und gelöst, zu viele Verbindungen hergestellt werden.

Wo schnelle Übermittlung von Information das wichtigste Gut darstellt, ist Zusammenarbeit nicht nur wünschenswert, sondern schlichtweg unumgänglich. Damit will ich selbstverständlich nicht sagen, daß wir ab jetzt keine Führungskräfte mehr brauchen, vielmehr haben wir es mit einem Paradigmenwechsel zu tun: Nicht die begabte Führungspersönlichkeit als einzelne ist gefragt, sondern diejenige, die eine fruchtbare Beziehung zu den Mitgliedern einer

kreativen Gruppe unterhält. Solch eine kreative Allianz be-
fähigt die Gruppe, gemeinsam etwas zu erreichen, was dem
einzelnen nicht möglich wäre.

In diesem Buch untersuchen wir systematisch erfolgreiche
Teams, in der Hoffnung, dem Geheimnis kollektiver Magie
auf die Spur zu kommen. Die Beispiele für geniale Teams
sind mannigfaltig, man denke nur an die Wissenschaftler,
die das Humangenom-Projekt vorantreiben, oder an das
Team, welches an der Entwicklung des A-Klasse-Modells
von Mercedes arbeitet. Wir haben jedoch beschlossen, uns
auf fünf Teams zu beschränken: die Walt Disney Studios,
die 1936 mit *Schneewittchen und den sieben Zwergen* den
ersten abendfüllenden Animationsfilm auf die Leinwand
brachten; die Gruppe im Palo Alto Research Center (PARC),
die den ersten bedienerfreundlichen Computer erfand; die
Clinton-Wahlmannschaft, die stark daran mitwirkte, den
ersten Demokraten seit Jimmy Carter ins Weiße Haus zu
befördern; das Elite-Corps der Astronautikingenieure, die
in Lockheeds hochgeheimen Skunk Works außerordentliche
Flugzeuge entwickelten; und – das vielleicht paradigma-
tischste aller Teams – das Manhattan-Projekt.

Warum gerade diese fünf? Uns lag daran, für das zwan-
zigste Jahrhundert – das goldene Zeitalter der kollektiven
Errungenschaften – typische Teams zu beschreiben, und
zwar diejenigen, die unsere gemeinsame Realität auf entscheidende Art und Weise verändert haben. Das Manhattan-Projekt, welches das nukleare Zeitalter mit all seinen
Errungenschaften und Schrecken einleitete, erfüllt offenbar
genau diese Kriterien. Ebenso – wenn auch weniger offensichtlich – Disney Feature Animations. Geführt von einem
ungewöhnlichen Traumtänzer – Walt Disney – schufen die
Künstler dort mehr als nur eine neue Kunstform. Noch heu-

te – nach Walt Disneys Tod – setzt das Studio, sowohl kreativ als auch ökonomisch, weltweit Standards für die Unter-
haltungs- und Freizeitindustrie.

Sämtliche fünf Teams sind auf unterschiedliche Weise
außergewöhnlich. Ihr gemeinsames Merkmal ist der Zu-
sammenschluß hochbegabter Menschen, die etwas Spekta-
kuläres, Neues schufen und dabei Zündstoff für das Zusammenfinden weiterer kreativer Gruppen lieferten. Nach den
Worten Steve Jobs, dessen Team den Macintosh erfand, hat
jede dieser Gruppen es geschafft, »eine Delle ins Universum
zu drücken«.

Das Projekt bringt die Gruppe zusammen, spornt sie zu
kollektiven Höchstleistungen an; und so entsteht etwas
Neuartiges: ein Film, ein Computer, das erste auf dem Radarschirm unsichtbare Flugzeug. Geniale Teams sind am erfolgreichsten, wenn sie handfeste, greifbare Aufgaben zu
bewältigen haben. Ist das Projekt dann beendet, treiben sie
meist wieder auseinander.

Bedenkt man, welch ungebrochene Faszination von Ein-
zelkämpfern wie Steven Spielberg, Bill Gates oder anderen
hochkarätigen Unternehmern ausgeht, so überrascht es
nicht, daß wir dazu neigen, kreative Gruppenleistungen zu
unterschätzen. Dabei finden wir sogar in der Kunst das gemeinschaftliche Werk, entgegen der verbreiteten Meinung,
die Kunst sei ein Ausdruck des »Ich«, während die Wissenschaft das »Wir« repräsentiere.

Ein klassisches Beispiel für den Mythos des Künstlers als
genialem Individuum liefert Michelangelos Meisterwerk,
die Kuppel der Sixtinischen Kapelle. Vor unserem geistigen
Auge sehen wir Michelangelo einsam auf einem schwanken-
den Gerüst in luftiger Höhe bei der Ausübung seiner Kunst.
Tatsächlich haben dreizehn Personen den Meister unter-

stützt, denn Michelangelo war nicht nur Künstler, sondern, wie sein Biograph William E. Wallace betont, der Kopf eines fortschrittlichen Unternehmens von beträchtlichem Umfang, welches Kunst unter seinem Namen hervorbrachte (ein Leitartikel in der *New York Times* trug bezeichnenderweise die Überschrift »Michelangelo, CEO«).

Auch andere Künstler arbeiteten oft und gern im Kollektiv. In einem Artikel aus dem Jahre 1982 mit dem Titel »Künstlerzirkel und die Entwicklung von Künstlern« beschreibt der Soziologe Michael P. Farrell den synergetischen Zirkel, dem Pioniere des Impressionismus wie Monet, Manet, Degas und Renoir angehörten. Monet und Renoir malten häufig nebeneinander im Wald von Barbizon. Eine Zeitlang ähnelten sich ihre Bilder derart, daß Monet jedesmal genau die Signatur studieren mußte, um festzustellen, ob ein bestimmtes Werk, das in einer Pariser Galerie zum Kauf angeboten wurde, von ihm oder von Renoir stammte. Auch Braque und Picasso verband eine intensive gemeinsame Schaffensphase, aus der schließlich der Kubismus geboren wurde. Jahrelang sahen sie sich fast täglich, diskutierten über ihren neuen revolutionären Stil und malten dabei so ähnlich wie möglich. Sie trugen sogar die gleiche Kleidung – Mechanikermontur – als Anspielung auf die Gebrüder Wright, deren Pioniergeist sie teilten. Braque bezeichnete ihre künstlerische Verflochtenheit später einmal als die »zweier aneinandergeknoteter Bergsteiger«.

Viele künstlerische Bereiche sind geradezu abhängig von kreativer Zusammenarbeit – man denke nur an die Herstellung eines Films. Die berühmte Tanztruppe *Pilobolus* formierte sich, nachdem eine Gruppe von Sportstudenten der Dartmouth-Universität einen Kurs bei Alison Chase besucht hatte – einer ungewöhnlichen Tanzlehrerin, die gemeinschaftliche Errungenschaften höher bewertete als jahrelanges Training.

Wie ein Mitglied der Truppe erzählte, beherrschte zunächst kaum jemand irgendeine Tanztechnik, auf die sie sich hätten verlassen können, weshalb die Gruppenmitglieder sich gezwungen sahen, ihre eigene zu erfinden. »Selbstverständlich hätten wir das niemals allein tun können«, betont der Mitbegründer der Truppe, Jonathan Wolken.

Farrells Artikel über Künstlerzirkel beginnt mit einem Zitat von Henry James – einem Lob der Gruppenarbeit: »Jeder Mensch arbeitet besser, wenn er Partner hat, die mit ihm in der gleichen Reihe stehen, wo das Stimulans der Anregung, des Vergleichs und des Wetteiferns Früchte trägt. Selbstverständlich sind große Dinge von Einzelpersönlichkeiten geleistet worden, aber für gewöhnlich kosteten sie doppelt soviel Anstrengung, als wenn sie unter genialeren Umständen entstanden wären.«

James trifft genau den Kern der Sache. Wenn begabte Individuen allein arbeiten, verschwenden sie womöglich Jahre bei der Verfolgung einer unfruchtbaren Zielrichtung oder aber sie verlieben sich derart in den kreativen *Prozeß*, daß sie nur sehr wenig oder gar nichts produzieren. Eine Gruppe kann anspornen, sie kann eine Kontrollinstanz sein, ein Resonanzkörper, eine Quelle der Inspiration, sie gibt moralische Stütze und manchmal sogar Liebe.

Wir haben unsere fünf Teams ausgewählt, um die Weitläufigkeit des Feldes zu unterstreichen, auf dem kreative Zusammenarbeit stattfinden kann. Außerdem hat jede dieser Gruppen eine faszinierende Geschichte. Mit ihren talentierten, außergewöhnlichen Menschen, die höchste Leistungsfähigkeit auszeichnet, stellen geniale Teams eine Organisationsform dar, die ganz und gar dem aufregenden Akt des Entdeckens hingegeben ist. Wir hoffen, daß zumindest einige dieser Gruppen das Interesse des Lesers finden. Die spezifischen Probleme jedoch, die jede zu bewältigen hat, und die Lösungen, die sie findet, lassen jede von ihnen charakteristisch und einzigartig erscheinen.

Beim Lesen der einzelnen Fallbeispiele werden Sie in diesem Kapitel angerissene Themen illustriert und erweitert finden. Aber auch interessante Details, zum Beispiel, warum die Icons des Macintosh-Computers uns ein Lächeln entlocken.

Wir haben uns beim Schreiben dieses Buches sehr stark auf Geschichtsbücher und andere Sekundärquellen verlassen, die wir durch Interviews mit Teilnehmern verschiedener kreativer Gruppen untermauerten. Dieses Buch wäre nicht zustande gekommen ohne wichtige Geschichtswerke wie Richard Rhodes *The Making of the Atomic Bomb (Die Atombombe oder die Geschichte des 8. Schöpfungstages)*; Douglas K. Smiths and Robert C. Alexanders Dokumentation über Xerox und die Entstehung des Personal Computers, *Fumbling the Future*; Steven Levys Geschichte des Macintosh, *Insanely Great*; Robert X. Cringelys Silicon Valley Saga, *Accidental Empires (Wie die Jungs von Silicon Valley die Milliarden scheffeln, die Konkurrenz bekriegen und trotzdem keine Frau bekommen)*; Ben Richs und Loe Janos' *Skunk Works* und die umfassende Darstellung von Clintons erster Wahlkampagne, *Quest for the Presidency 1992*, verfaßt von einem Team der Zeitschrift *Newsweek*. Tracy Kidders klassische Studie eines großartigen Teams, *The Soul of a New Machine*, hat uns ebenfalls unschätzbare Dienste geleistet. Wir sind diesen und anderen Autoren sehr zu Dank verpflichtet. Sie haben die Rohdaten über die Alchimie der Zusammenarbeit gesammelt, sie interpretiert und in eine bewundernswerte Form gebracht, die es uns ermöglichte, das Muster zu suchen, welches großartige Gruppenkonstellationen von gewöhnlichen unterscheidet.

Vielleicht fragen Sie sich, warum wir uns ausnahmslos auf herausragende Teams konzentriert haben, wo doch die meisten Institutionen, in denen wir arbeiten oder lehren, alles andere als großartig sind. Der Grund liegt in unser beider Überzeugung, man aus hervorragender Qualität besser lernen kann als aus Mittelmäßigkeit. Die Lehren des Gewöhnlichen sind überall zu finden, wirklich profunde und originelle Einsichten hingegen ergeben sich nur beim Studium des Beispielhaften. Wir *müssen* uns den außergewöhnlichen Teams zuwenden, wenn wir verstehen wollen, wie Genie – die rarste und wertvollste aller Ressourcen – produktiv genutzt werden kann, um lebensverändernde Ergebnisse zu erzielen. Gerade in solchen Gruppen können wir vielleicht entdecken, warum einige wenige Unternehmen zukunftsweisende Errungenschaften hervorbringen, während die große Mehrheit dazu bisher nicht in der Lage ist.

Viele der heutigen Probleme, wie zum Beispiel der weltweite Mangel an überzeugenden Führungspersönlichkeiten, sind so komplex und tiefgreifend, daß kreative Zusammenarbeit vielleicht die einzige Möglichkeit bietet, sie zu lösen. Geniale Teams können uns dabei als Modell dienen und Einblick in wichtige psychologische und soziale Zusammenhänge eröffnen. Konzentriert auf ein faszinierendes Projekt, beflügelt von der Freude und Begeisterung beim Lösen von Problemen, scheinen sie unempfindlich gegenüber Irritationen, die Zusammenarbeit unter normalen Umständen zwangsläufig mit sich bringt. Möglicherweise finden wir hier Hinweise für die Neustrukturierung unserer Schulklassen und Arbeitsplätze, vielleicht sogar unseres Gemeinwesens. Wie steht es mit unseren Büros, wo so viele begabte Menschen sich eher erstickt als stimuliert fühlen? Erfolgreiche Teams zeichnen sich durch Menschen aus, die enorme Befriedigung darin finden, ungewöhnlich hart und engagiert zu arbeiten. Eine Gesellschaft, die Wege findet, Möglichkeiten zu solchem Engagement zu schaffen, und somit mehr Menschen hervorbringt, deren Selbstbewußtsein durch außerordentliche Leistungen bestärkt wird, wäre fraglos eine reichere und glücklichere.

Jedes der von uns untersuchten Teams ist auf seine Art ungewöhnlich, und dennoch haben sie vieles gemeinsam. Versetzen Sie sich zwanzig Jahre zurück und stellen Sie sich vor, Sie wären ein unsichtbarer Beobachter bei PARC, als dort der erste benutzerfreundliche Computer entwickelt wird. Die Büros selbst sind schwer zu beschreiben, doch die Atmosphäre ist aufgeladen mit dem Bewußtsein, bahnbrechende Leistungen zu vollbringen. Die meisten der Teammitglieder sind jung – wenige von ihnen sind älter als dreißig. Sie alle wissen, daß ihre Mitarbeit an diesem Projekt einer Ehrenmedaille gleichkommt. Es gibt keine Hinweise auf die Muttergesellschaft Xerox. Nirgends sieht man »Krawattenträger« aus den Reihen der Geschäftsleitung. Statt dessen gleicht die Atmosphäre eher einer universitären Doktorandengruppe. Die Angestellten tragen Birkenstocksandalen und T-Shirts, und beim wöchentlichen Meeting sitzen oder lagern sie auf den für die sechziger Jahre typischen Sandsacksesseln.

Obwohl die Teammitglieder im allgemeinen zu beschäftigt sind, um über ihre Arbeit zu philosophieren, so würde doch jeder bestätigen, daß er oder sie um nichts in der Welt irgendwo anders arbeiten möchte. Verdienst spielt dabei ebensowenig eine Rolle wie Karriere. Das Projekt selbst bedeutet ihnen alles. In einigen Fällen sind persönliche Beziehungen gestört oder auf Eis gelegt worden; Privatleben ist nur sehr schwer aufrechtzuerhalten, wenn man die halbe Nacht im Labor zubringt, um an einem unwiderstehlichen Problem zu arbeiten, oftmals mit einem gleichermaßen besessenen Kollegen zur Seite. Aber hier geht es um mehr als nur einen Job: Es geht um eine Mission, ausgeführt von Menschen mit vor Begeisterung leuchtenden Augen.

Es gibt ein paar Absonderlichkeiten, die viele geniale Teams teilen. So arbeiten sie beispielsweise oft in einer spartanischen, ja fast schäbigen Umgebung. Sogar zukunftsweisende Unternehmen wie die Walt Disney Company, Hewlett Packard und Apple wurden in Garagen geboren, Disneys Zeichner arbeiteten nicht selten in chaotischen Übergangswohnungen, und die Skunk Works gingen ihrer geheimen Tätigkeit in einem fensterlosen Gebäude direkt neben dem Flughafen in Burbank nach, einem ungemein tristen Ort in Kalifornien (gleichfalls die Heimat von Disney Animation).

Der verstorbene Skunk-Works-Chef, Ben Rich, fand seinen Arbeitsplatz »ungefähr so gemütlich wie einen Atombunker«.

Wir können darüber spekulieren, warum große Dinge oft in dürftiger Umgebung entstehen. Vielleicht fördert ein karges oder nichtssagendes Umfeld Kreativität geradezu, indem es als eine Art ästhetischer Leerraum wirkt, der den Geist befreit und anregt zu Phantasien und Träumen. Vielleicht lenken eine pittoreske Aussicht oder ein schickes Dekor zu viel ab und wirken deshalb kontraproduktiv. Ich glaube, die meisten kreativen Teams verbringen kaum Zeit damit, sich über ihre Umgebung Gedanken zu machen. Eine Tunnelsichtweise ist ihnen eigen, bei der im Vordergrund steht,

zum Beispiel schneller als die Deutschen eine Bombe zu entwickeln oder einen benutzerfreundlichen Computer, den sogar ein Kind verstehen kann. Das richtige Handwerkszeug
ist unerläßlich – eine schicke Unterkunft dagegen nicht.
Dementsprechend sehen die Büros dieser Teams oft so aus,
wie Tracy Kidder es in *The Soul of a New Machine* beschreibt: »... eine Behausung, gebaut von einem Psychologen, um die Belastbarkeit kleiner Tiere zu testen.«

Geniale Teams haben noch andere Gemeinsamkeiten. Sie
brauchen einen exzellenten Leiter und neigen dazu, sich zu
verirren, wenn sie ohne Führung sind, wie geschehen bei
Disney Animation, als Walt Disney 1966 starb. Es erscheint
paradox: Obgleich in der Regel kollegial und unhierar-
chisch strukturiert und zusammengesetzt aus außerordentlich kompetenten Individuen mit oftmals antiautoritärer
Neigung, weist praktisch jedes geniale Team einen starken
visionären Projektleiter auf. Dieser Leiter kann mitunter
ebenso patriarchalisch sein wie J. Robert Oppenheimer
beim Manhattan-Projekt oder der charismatische Bob Taylor bei PARC. Er kann durchaus einfach und bescheiden
wirken wie Walt Disney und manchmal erschreckend infan-
til wie Steve Jobs bei Apple oder James Carville, der Hau-
degen aus Louisiana, der 1992 die Clinton-Kampagne leitete. Dennoch weisen alle diese Führungspersönlichkeiten
ganz spezifische wichtige Eigenschaften auf:

Zunächst hat jeder von ihnen ein waches Auge für Talente. Manchmal scheinen geniale Teams um bestimmte Orte
und Individuen zu wachsen, die so sehr mit großen innovativen Leistungen identifiziert werden, daß sie zu Magneten
für die Talentierten werden – denken Sie nur an die Vorle-
sungsreihe der Physikalischen Fakultät in Göttingen, die
Oppenheimer und viele andere große Geister anzog, oder

die Literatenszene in San Francisco, die junge Autoren der
Beat-Generation aus der ganzen Welt anlockte.

Aber geniale Teams werden auch gezielt gebildet. Der
erste Schritt zum Aufbau eines genialen Teams ist die Suche
nach einem talentierten Individuum, dem es nichts aus-
macht, Leute anzuwerben, die fähiger sind als er selbst. Solche Kopfjäger halten hauptsächlich nach zwei Dingen Ausschau: außerordentliche Begabung und die Fähigkeit, mit
anderen in der Gruppe zu arbeiten. Bob Taylor bei PARC
wird nachgesagt, er sei ein regelrechter »Connaisseur der
Talente« gewesen, der Leute nach den oben genannten Kriterien auswählte. Peter Schneider von Disney Feature Animation kam es ebenfalls sowohl auf Talent als auch auf die
Fähigkeit an, in Kooperation an der Verwirklichung eines
gemeinsamen Traums zu arbeiten, statt einer rein persönlichen Vision zu folgen. Schneider stellte nur Zeichner ein,
die in der Lage waren, »gemeinsam mit den anderen im
Sandkasten zu spielen«.

Indessen bedeutet Zusammenarbeit hier nicht ein Sich-
Einfügen im konventionellen Sinn. Phil Jackson, der Coach
des Basketball-Teams *Chicago Bulls*, schätzt den Beitrag
Dennis Rodmans für das Team trotz – oder besser: gerade
wegen – dessen Schrillheit. Jackson, der oft indianische
Stammestraditionen zitiert, um sein Team zu motivieren,
sagt über Rodman: »Dennis ist ein wahrer Segen. Er ist für
unsere Gruppe so etwas wie ein Heyoka, ein Stammes-
clown.« In der Tradition der Sioux war der Heyoka ein
Zwitterwesen, das oft Frauenkleider trug und stets rückwärts lief. Er wurde respektiert, weil er den übrigen Stam-
mesmitgliedern eine andere Sicht der Realität abforderte.

Wie identifiziert man Menschen, die fähig sind, Unge-
wöhnliches zu leisten? Einige der Führungspersonen spre-

chen von Menschen »mit einem gewissen Leuchten in den Augen«, andere verlassen sich auf Tests. Der Erfinder Thomas Alva Edison rekrutierte neue Mitarbeiter sowohl auf intuitive als auch auf systematische Weise. Er gab seinen Anwärtern zeitlich regulierte Tests, die einhundertfünfzig Fragen aus den Bereichen Naturwissenschaft, Geschichte, Technik und mehr enthielten. Weil er ein gutes Gedächtnis für die Basis von Entscheidungsfähigkeit hielt, stellte er wahllos anmutende Fragen wie »Was kostet ein Gramm Gold?« oder »Wie gerbt man Leder?«. J. C. R. Licklider, der Psychologe, der maßgeblich an der Einführung des Internets beteiligt war, verließ sich auf den Miller-Analogie-Test (in dem man gefragt wird: »Norden verhält sich zu Süden wie Blau zu ...?« Die korrekte Antwort ist: »Grau.«). Licklider war der Meinung, derjenige, der bei diesem Test gut abschnitt, besäße eine vielversprechende Kombination breiten Allgemeinwissens mit der Fähigkeit, Zusammenhänge herzustellen. »Ich handelte nach einer Art Regel«, sagte Licklider. »Jeder, der mit 85 Punkten oder sogar mehr beim Miller-Test abschnitt, wurde eingestellt. Er *mußte* einfach gut in irgendeinem Bereich sein.«

Oft dient der Anwerbe-Prozeß gleichzeitig dem Aufbau eines verbindlichen Zugehörigkeitsgefühls. Bei Data General erklärten Tom West und seine Mitarbeiter den Anwärtern für ihr geheimes Computer-Projekt, eine Person, die für den Job in Frage käme, müsse außerordentliche Fähigkeiten mitbringen, und nur ganz wenige würden letztendlich eingestellt. Demzufolge fühlten sich diejenigen, die angenommen wurden, als eine beneidenswerte Elite, wie immer überarbeitet und unterbezahlt sie auch sein mochten. Kelly Johnson, der legendäre Begründer der Skunk Works, bemühte sich, nur den jeweils besten Experten für einen Spezialbereich des Projekts zu bekommen (Disney hat das ebenfalls versucht). Ein Mitarbeiter Johnsons erinnert sich: »Wir erklärten jedem der Ausgewählten, er bekäme den Job, weil er der Beste auf seinem Gebiet sei. Ob das nun völlig der Wahrheit entsprach oder nicht – jedenfalls tat jeder sein verdammt Bestes, um diesem Image gerecht zu werden.«

Gibt es einen bestimmten Typus für geniale Teams? Zunächst fällt auf, daß die meisten Mitglieder besonders jung sind. Auffallend ist auch die deutliche Unterrepräsentanz weiblicher Teilnehmer. Obgleich Frauen in sämtlichen Teams, die wir untersucht haben, Schlüsselrollen besetzten, waren doch die meisten der Teilnehmer männlichen Geschlechts. Der Grund – so nehmen wir an – liegt bei dem noch immer bestehenden Mangel an beruflichen Perspektiven für Frauen. Aber trotz dieses Übergewichts männlicher Teilnehmer sind unsere Teams weit entfernt von spießigen »Stammtisch-Runden«. Im Gegenteil, sie erinnern eher an eine verspielte, entschieden jugendliche Subkultur. Mitunter glaubt man sich fast im Territorium Peter Pans, so überzogen scheinen die gymnasiastenhaften Streiche aus Übermut. Ob es Prozesse in der Gruppendynamik solcher Gruppen selbst gibt, die Frauen abschrecken, wäre ein Thema für weitere Untersuchungen, sei es nur, um Möglichkeiten zur Ausschöpfung des gesamten Pools an Talenten – und nicht nur des männlichen Teils – zu finden.

Offensichtlich setzt die Jugend der Teams enorme Energie frei. Außerdem weisen Menschen, die abseits der üblichen Karrieren ihren Interessen nachgehen, einen erfrischenden Mangel an Respekt gegenüber konventionellen Leitbildern auf. Aber der wahrscheinlich wichtigste Beitrag der jugendlichen Gruppenmitglieder ist ihr oft geradezu infantiles Vertrauen. Tracy Kidder beschreibt in seinem Buch die Rekrutierungsstrategie von Seymour Cray, der gern talentierte Ingenieure direkt von der Schulbank anwarb. Er war überzeugt, ein Mangel an Erfahrung sei kein Schaden, sondern ein Vorteil, da diese ungeschliffenen Anfänger in der Regel »noch nicht wissen, was angeblich unmöglich ist«. Der französische Komponist Berlioz hatte bei seinem Kollegen Saint-Saëns eine ähnliche Beobachtung gemacht: »Saint-Saëns weiß alles«, stellte Berlioz fest, »das einzige, was ihm fehlt, ist Unerfahrenheit.«

Dieser Mangel an Erfahrung ist es, der vielen erfolgreichen Teams eine erfrischende, völlig unrealistische Vorstellung dessen, was sie erreichen könnten, ermöglicht. Nicht zu wissen, was sie nicht können, rückt praktisch alles in den Bereich des Machbaren. In einem Radiointerview behauptete ein bekannter Filmregisseur, das Goldene Zeitalter des Fernsehens sei zumindest teilweise zurückzuführen auf die Naivität seiner Mitarbeiter: »Wir wußten nicht, daß wir es nicht konnten, und so taten wir es.«

Die Zeit lehrt uns viele Dinge, einschließlich des Wissens um unsere Grenzen. Zeit zwingt die Menschen, wie brillant sie auch sein mögen, sich mit ihrer Vergänglichkeit auseinanderzusetzen. Kurzum: Erfahrung verhilft zu einem sicheren Urteil hinsichtlich der eigenen Leistungsfähigkeit, und das ist nicht immer eine gute Sache. Wie der Psychologe Martin Seligman nachweisen konnte, ist zu starke Realitätsbezogenheit ein Risikofaktor, dessen Folge Depressionen und damit verbundene Krankheiten wie auch Handlungsunfähigkeit und Verlust von Selbstvertrauen sein können.

Nicht selten demonstrieren geniale Teams so etwas wie eine kollektive Verdrängungshaltung, die tatsächlich dazu beitragen kann, auftauchende Probleme weniger gravierend erscheinen zu lassen. Das kann befreiend wirken. Diese

Teams sind keine Fakultät für Realismus, sie sind eine Arena für Ausgelassenheit. Ihre Mitglieder sind häufig irrational und optimistisch. Viele von ihnen sind Bastler – solche, die als Kinder den Familienfernseher auseinanderschraubten, um zu sehen, ob sie ihn wieder zusammenbekämen. Es sind Menschen, die bereit sind, Stunden darauf zu verwenden, um herauszufinden, wie Dinge funktionieren, einschließlich solcher, die noch gar nicht existieren. Ein Witz über Ingenieure fängt den Geist vieler Teilnehmer kreativer Gruppen ein: Ein Frosch bietet einem Ingenieur an, ihm für einen Kuß jeden Wunsch zu erfüllen. »Nein«, sagt der Ingenieur. »Na, komm' schon«, drängt der Frosch. »Küß' mich und ich verwandele mich in eine wunderschöne Frau.« »Nee«, erwidert der Ingenieur, »für Mädchen hab' ich keine Zeit ..., aber ein sprechender Frosch, das ist einfach Klasse!« Mitglieder genialer Teams haben keine Berührungsängste gegenüber Technik – sie beten sie geradezu an. Und jeder von ihnen ist ganz versessen darauf, die Zukunft mitzuformen – so etwas findet er einfach Klasse!

Neugier ist das Elixier jedes genialen Teams. Seine Mitglieder lösen nicht einfach nur Probleme – sie haben sich auf eine Expedition begeben, die an sich schon eine Belohnung ist. Viele haben eine individuelle, herausragende Begabung, oftmals im mathematischen Bereich. Jedoch eine Eigenart ist ihnen gemein, die ihnen hilft, festumrissene Problemstellungen in einem größeren, grenzüberschreitenden Rahmen zu sehen und dadurch zu kreativen Lösungen zu kommen. Sie sind getrieben von einem ungestümen, hungrigen Geist, allem, was ihnen begegnet, auf den Grund zu gehen. Viele von ihnen haben weit gefächerte Interessen und Kenntnisse. Alan Kay von PARC zum Beispiel ist ein Universalgenie. Er besitzt umfassendes Wissen in so unterschiedlichen Feldern wie Mathematik, Biologie, Musik, Entwicklungspsychologie, Philosophie und mehr. Wenn Kay behauptet, Computer-Wissenschaft sei wie gregorianischer Kirchengesang – eine Ostinatofolge, die sich innerhalb größerer Musikabschnitte verändert –, während das parallele Programmieren eher polyphonen Musikrichtungen entspreche, so klingt das durchaus überzeugend. In welchen Bereichen auch immer er sich befindet, seine Einsichten und Schlüsse überwinden die Grenzen der Disziplinen. Was er über kindliche Wissensaneignung gelernt hatte, half ihm, einen Computer zu entwerfen, der Kinder lehren sollte, ihn zu benutzen. Die Technik, die Stewart Brand bei seinem *Whole Earth Catalogue* benutzte, um die Leser zu bewegen, statt einer vorgeplanten eine zufallsbestimmte Reise durch das Buch zu machen, beeinflußte Kay und seine Kollegen beim Entwurf von PARCs revolutionärem Hypertext Browser. Ihr immenser Wissensschatz versetzt Menschen wie Kay in die Lage, Verbindungen herzustellen, die andere nicht sehen.

Geniale Teams verfügen über die besondere Qualität, für Menschen von Kays Format eine Umgebung zu schaffen, die sowohl individuelle als auch kollektive Bereicherung durch das geniale Zusammenspiel hervorragender Geister ermöglicht. Beobachtet man, wie Alan Kay seine Gruppen aufbaut, dann bestätigt sich die These von Peter Drucker, derzufolge Menschen nicht verwaltet oder gemanagt, sondern geführt werden wollen auf schönste Weise. Kopfarbeiter kann man nicht managen. Allein diese Tatsache rechtfertigt die genaue Begutachtung genialer Teams durch jeden, der ein informationsorientiertes Unternehmen unterhält.

Derjenige, der die Gabe des Führens besitzt, muß seinem Gegenüber zunächst ungewöhnlichen Respekt abverlangen können. Er muß eine hochbegabte Person zum Zuhören bewegen – keine leichte Aufgabe, da Genialität fast immer über andere Alternativen verfügt. Er muß Vertrauen erwecken und es verdienen. Und obwohl Höflichkeit nicht unbedingt ein Kennzeichen genialer Teams ist, sollte sie doch die Eigenschaft eines jeden sein, der antritt, eine solche zu führen. Höflichkeit ist zum Beispiel für Maestro Carlo Maria Guilini, den Dirigenten der Los-Angeles-Philharmoniker, die notwendige Grundlage zur Erreichung des gemeinsamen Zieles, außergewöhnlich gute Musik zu machen. »Sogar in heiklen Situationen erklärte ich meine Sichtweise den Orchestermitgliedern. Nie habe ich sie überrumpelt«, betont er. »Die richtige Antwort, erzwingt man sie, ist niemals die gleiche wie die aus Überzeugung gewachsene.«

Respektlose und unhöfliche Leiter von genialen Teams setzen die Verwirklichung ihrer Ziele aufs Spiel. Schließlich muß man den Mitgliedern solcher Teams hinsichtlich ihrer Arbeit nichts vorschreiben, obwohl man sie vielleicht hin und wieder sanft aus den Wolken holen muß. Tatsächlich ist die Aufgabengestaltung nach ihren Vorstellungen typisch für sie, basiert doch ihre Zugehörigkeit zur Gruppe auf dieser Fähigkeit. In der Leistungsgesellschaft allgemein werden engagierte, talentierte Menschen zu Recht als unentbehrlich betrachtet. Ein bekannter Musiker meinte dazu: »Du willst nicht nur als der Beste der Besten angesehen werden. Du willst als derjenige gesehen werden, der als einziger das tun kann, was du tust.« Solche Menschen müssen die Freiheit bekommen, das zu tun, was nur sie tun können.

Geniale Teams sind koordinierte Gruppen origineller Denker. Tracy Kidder bezeichnet die Strukturen dieser Gruppen in seinem Buch als »Netze freiwilliger, gemeinsamer Verantwortung«. Wie besessen verfolgen die Teilnehmer ihr Ziel. Sie interessieren sich nicht im geringsten für Organigramme (allenfalls dienen sie ihnen als Dartboard). Bezüglich der Jugend so vieler Mitglieder großartiger Teams vermuten wir, daß ältere, sich ihrer Begabung bewußte Menschen eher nach Autonomie streben würden, außer sie hielten ein kollektives Projekt für unwiderstehlich. Ältere sind in der Regel weniger bereit, sich der starken Führung unterzuordnen, die für die untersuchten genialen Teams so typisch ist.

Wie sehen nun die erfolgreichen Leiter aus? Oft sind sie pragmatische Träumer. Sie packen die Dinge an und führen sie zum Erfolg. Dennoch scheinen sie von unstillbaren Sehnsüchten erfüllt. Sie sind wissenschaftlich orientierte Menschen mit poetischen Seelen, wie zum Beispiel Oppenheimer, der die *Bhagawadgita* zitierte, um seine ambivalente Einstellung gegenüber der Atomkraft auszudrücken. Ihre Visionen sind außergewöhnlich und originell und bilden rasch Herzstück und Zentrum jedes Teams. Immer ist es eine Vision von Größe, nicht von Erfolg, die die Teamarbeit inspiriert, als hinge das Schicksal der Zivilisation davon ab. Dieser kollektive Traum bildet eine Art Übereinkunft, daß das Produkt, und selbst der Prozeß des Entstehens, den Aufwand und die Mühe rechtfertigt. Wenn Disney seine Künstler anspornen wollte, beschwor er sie: »Wenn ihr es träumen könnt, dann könnt ihr es auch tun.« Weil er selbst so stark daran glaubte, ließen sie sich mitreißen. Große Führungspersönlichkeiten scheinen ihren Traum zu verkörpern und mit ihm zu verschmelzen.

Aber es gibt noch andere Qualitäten, die für das Gelingen einer Gruppe entscheidend sind. Psychologen haben nachgewiesen, daß die Struktur der Umgebung enormen Einfluß auf Kreativität – sowohl im positiven wie im negativen Sinne – haben kann. Am besten gedeiht Kreativität in einer Atmosphäre, die es den Individuen ermöglicht, bei aller Konzentration auf das gemeinsame Ziel ein Gefühl der Autonomie beizubehalten. Zwang – ob nun real oder bloß als solcher empfunden – wirkt sich auf Kreativität geradezu tödlich aus, während Freiheit und Autonomie sie beflügeln.

Erfolgreiche Führungspersönlichkeiten sind willens und in der Lage, Entscheidungen zu treffen, sie lassen jedoch den Teammitgliedern die Freiheit, so zu arbeiten, wie sie es für richtig halten. Es war eine Stärke Alfred Hitchcocks als Regisseur ein Projekt voranzutreiben, während er jedem einzelnen Teilnehmer die Möglichkeit gab, sein Bestes zu leisten. Der künstlerische Berater Robert Boyle erinnert sich an die Entstehung von *North by Northwest* (1959). Dieser Film stellte eine besondere Herausforderung dar, weil das Innenministerium das Filmen auf dem Mount Rushmore, mit den herausgemeißelten Präsidentenporträts als Hintergrund, untersagte. Boyle ließ sich mit Seilen vor der Bergfassade herab, fotografierte die Skulpturen und projizierte sie auf eine Leinwand, vor der man dann die Szene im Studio drehte. Derartige Schwierigkeiten zu überwinden sei eines der Vergnügen bei der Herstellung dieses Films gewesen, versichert Boyle.

»Hitchcock forderte außerordentlich viel, zugleich war er in puncto konstruktiver Zusammenarbeit der fähigste Regisseur, mit dem ich je gearbeitet habe«, erläutert Boyle. »Er erwartete von einem Profi – in welchem Bereich auch immer – erstklassige Arbeit. Seine Kunst bestand darin, alles zu einer Einheit zu formen.«

Ebenso fördern Führungspersönlichkeiten Kreativität, wenn sie Fehlern den Stachel nehmen. In kreativen Gruppen

werden Fehler als Lernerfahrung angesehen – nicht als Anlaß zur Reglementierung. Kreativität bringt zwangsläufig
Risiken mit sich, und in den Teams herrscht Einvernehmen
darüber, daß Risikofreudige manchmal auch stolpern. Michael Eisner, Vorstandsvorsitzender von Disney, hat den An-
spruch, seinen Mitarbeitern das Versagen zu gestatten. Eine
Atmosphäre, in der Menschen von Versagungsängsten geplagt sind oder fürchten müssen, sich mit abweichenden
Ideen lächerlich zu machen, ersticke Kreativität geradezu.
Eisner führt dazu das Motto eines Hockeystars an: »Schüsse, die man nicht abfeuert, gehen zu hundert Prozent daneben.« »Bei Disney«, so Eisner, »ist Versagen völlig in Ordnung, solange es nicht zur Gewohnheit wird.«

Viele geniale Teams haben eine zweifache Führungsstruktur, das heißt, neben der visionären Führungskraft benöti-
gen sie jemanden, der sie vor der Außenwelt – den sogenannten »Krawattenträgern« – beschützt. Gewöhnlich führen diese Gruppen eine Art Inselleben, sie sind oft physisch
isoliert wie beim Manhattan-Projekt in Los Alamos, New
Mexico. Während Oppenheimer die visionäre Führung von
Los Alamos innehatte, war General Leslie R. Groves der
Beschützer. Von den Wissenschaftlern ungeliebt, denen er so
gut diente, überwachte Groves die Grenze zwischen dem
Team und den äußeren Zwängen, vornehmlich der militärischen Bürokratie, die die Ressourcen der Gruppe kontrollierte und ständig einzugreifen drohte.

Weil die Mitglieder der genialen Teams durchweg Non-
konformisten sind, kleiden sie sich eher nachlässig. Aber
wie immer ihre äußere Erscheinung sein mag, sie sind in
jedem Fall Menschen, die die Regeln verletzen. Angepaßt
sind sie nie, aber auch keine Cliquen- oder Aufsteigertypen;
sie verfolgen nur ihre eigene Linie. Folglich brauchen sie

jemanden, der sie nicht nur vor Kritik schützt, sondern die Aufmerksamkeit der Bürokraten und konventionellen Denker in andere Bereiche des Unternehmens lenkt. »Bob Taylor hat auf diesem Feld Großartiges bei PARC geleistet«, erinnert sich Alan Kay zwei Jahrzehnte später: »Er hat sich zwischen uns und Xerox aufgebaut.«

Auch wenn diesen Beschützern nichts von dem Glamour visionärer Führungspersönlichkeiten anhaftet, so macht sie das jedoch nicht weniger unentbehrlich, besonders in den Unternehmen, die innovative Projekte nicht ohne offizielle Genehmigung und institutionelle Einwilligung realisieren können. Hier liegt auch das traurige Schicksal des PARC-Projekts begründet. Taylor gelang es zwar, sein Team vor Einmischung seitens Xerox zu schützen, aber er konnte Xerox nicht dazu bringen, den revolutionären PARC-Computer tatsächlich in Serie zu produzieren.

Der Eifer, mit dem die Beteiligten genialer Teams sich ihrer Aufgabe widmen, steht in direktem Zusammenhang mit der Fähigkeit der Führungskraft, die gemeinsame Vision zu artikulieren. Bei der Zusammenstellung des Macintosh-Teams von Apple motivierte Steve Jobs seine Mitarbeiter mit dem Versprechen, sie würden nicht nur irgend etwas Großartiges schaffen, sondern etwas »Wahnsinniges«. Nicht der Plan eines detaillierten Computers trieb sie voran (dieser nahm erst allmählich Form an), sondern Slogans, die den Geist des Projektes reflektierten und festigten. »Besser, ein Pirat zu sein, als der Marine beizutreten!« verkündete Jobs, und sie verzierten ihre Büros mit Totenkopfflaggen. Teamleiter haben die Fähigkeit, genau den richtigen Zündstoff zu legen, der den Teamgeist entflammt. Der Herausgeber des mittlerweile eingestellten *Herald Examiner* in Los Angeles motivierte seine zusammengetrommelten Underdog-Journalisten, gegen die dominante *Los Angeles Times* anzutreten, indem er seinen Bürostuhl mit einem Flugsicherheitsgurt ausstattete. Seine Botschaft: Der *Herald Examiner* startet seinen Kampf gegen das Sprachrohr des Establishments.

Führungspersönlichkeiten solchen Kalibers haben Grundsätzliches über das Wesen der Menschen verstanden. Sie kennen unsere Sehnsucht nach Sinnhaftigkeit. Arbeit ohne Sinn ist verlorene Zeit. Wir werden dadurch entkräftet. Problemlösungen sind Teil der menschlichen Evolution und vermitteln uns intensive Erlebnisse. Arbeit, um ihrer selbst willen getan, wird zu einem wundervollen Spiel. Wir alle sind Darwins Kinder, und weil wir es auch lieben, uns mit anderen zu messen, definiert sich jedes geniale Team über einen »Feind«. Manchmal ist es ein realer, wie es die Achsenmächte Deutschland, Italien, Japan für das Manhattan-Projekt waren. Doch meist besteht die Hauptfunktion des »Feindes« darin, die Gruppe selbst zusammenzuschweißen und zu definieren, das heißt ihr zu zeigen, was sie ist, indem man sie mit dem konfrontiert, was sie nicht ist.

Bei Apple hatte IBM die Rolle des Widersachers inne. Apple verachtete IBM mit seinen verkaufsstarken Computern, für sie klobige, unelegante Symbole reaktionärer Unternehmenskultur. Die Apple-Piraten griffen IBM so zielstrebig und schadenfroh an wie eine Gruppe jugendlicher Widerstandskämpfer eine Besatzungsmacht. Das beinhaltet auch eine gute Portion Spaß. In einem Video, das den Apple-Aktionären damals vorgeführt wurde, neckte ein verspielter, sprechender Computer – offensichtlich kein IBM-Koloß: »Traue niemals einem Computer, den du nicht mitgehen lassen kannst.«

Doch nie hat jemand seinen Widersacher erfolgreicher

dämonisiert als der Clinton-Stratege James Carville während der Präsidentschaftskampagne 1992. Carville – ein Meister der moralischen Verdammung – löste ein Gewitter der Empörung über Bush und andere Republikaner aus. Carville behauptet, jede Kampagne brauche einen Feind, um Energie zu bündeln und den Adrenalinspiegel hoch zu halten. Führungspersönlichkeiten aus anderen Bereichen bestätigen dies. In einem im Magazin *Fortune* publizierten Interview sagt Roberto Goizneta, Vorstand bei Coca-Cola, eine Organisation, die keinen Feind habe, müsse unbedingt einen erschaffen. Um eine Begründung gebeten, erklärt er: »Weil es der einzige Weg ist, einen Krieg zu führen.« In der Öffentlichkeit möge es harmlos aussehen, aber in den Büros von Coca-Cola laute das Motto: »Vernichtet Pepsi!«

Für geniale Teams kann der Feind nicht mächtig genug sein. Sie sehen sich als triumphierende Underdogs, als die kämpferischen schlauen Davids, die die überfetteten Goliaths der Konvention niederstrecken.

Leiter genialer Teams wissen der Tätigkeit ihrer Leute einen Sinn zu geben, es sei denn, sie verfolgen ein außerordentlich ehrenhaftes Ziel, dessen Bedeutung offensichtlich ist.

Oppenheimers Gruppe war überzeugt davon, ihre Mission diene der Verteidigung der Demokratie. Die Wissenschaftler bei PARC wußten, daß sie eine radikal neue Technologie entwickelten. Aber begnadete Führungspersönlichkeiten verstehen es, auch eher profane Projekte aufzuwerten und ihnen eine sinnhafte Dimension zu geben.

Ein Beispiel dafür gibt das amerikanische Handelshaus Sears: Der Verkauf von Versandhausware ist im Grunde kein nobles Anliegen, aber Arthur Martinez köderte 1992 Führungskräfte, indem er ihnen eine Herausforderung versprach, die »eines Kreuzfahrers würdig« sei. »Ich spürte, daß ich ein Evangelium verkünden mußte«, gestand er einem Reporter von *Fortune.* »Ich mußte Leute für eine Mission anwerben.« Die Umstrukturierung von Sears – so erklärte Martinez seinen Mitarbeitern – würde eines der größten Abenteuer in der Geschichte der amerikanischen Wirtschaft sein. »Was wir vorhaben, ist sehr, sehr riskant; es gibt dafür bisher noch kein Modell. Sie brauchen Mut und Selbstbewußtsein. Wenn wir es schaffen, werden wir sicher reicher sein, aber was wichtiger ist: Es wird uns ungeheure seelische Befriedigung verschaffen. Wer will sich dem entziehen?«

Führungspersönlichkeiten sind Menschen, die ihren Traum so leidenschaftlich verfolgen, daß sie andere einfach mitreißen.

Es erinnert an einen faustischen Pakt, den die Mitglieder eingehen, wenn sie ihr normales Leben aufgeben, um ein grandioses Ziel zu erreichen. Wegen dieser Vernarrtheit in ihre Mission kommen die Beziehungen außerhalb des eingeschworenen Kreises oftmals zu kurz. Andererseits kann sich aus der Intensität der Zusammenarbeit oft eine erotische Spannung ergeben. So entwickelte sich während des scheinbar endlosen Simpson-Prozesses eine Romanze, möglicherweise sogar eine Liebesaffäre zwischen den Staatsanwälten Marcia Clark und Chris Darden. Dazu Darden: »Wir arbeiteten fünfzehn bis sechzehn Stunden pro Tag zusammen, sahen uns bei Gericht, durchlitten gemeinsam die Medienschlacht und viele andere Aspekte, die niemand verstehen konnte, der nicht so in der Sache hing wie wir.«

In fast allen kreativen Teams verändern sich Rollen und Beziehungen entsprechend den Anforderungen des Projekts. In weniger hochkarätigen Teams muß deren Leiter im allgemeinen beträchtliche Verwaltungsarbeit leisten, geniale Teams jedoch verlangen einen flexibleren Führungsstil, der mehr Förderung beinhaltet als Kontrolle. Genau wie Katzen lassen sich begabte Menschen nicht zu Herdentieren machen. Ein Führungsmodell mit dem Gewicht auf Befehl und Kontrolle wirkt auf ihre Kreativität geradezu tödlich. Geniale Teams brauchen Vorgesetzte, die Begabung und Mut unterstützen. Jack Welch sieht seine Rolle bei General Electric folgendermaßen: »Ich muß lediglich drei Dinge tun: die richtigen Leute auswählen, genügend Geld bereitstellen und Ideen von einer Abteilung zur anderen mit Lichtgeschwindigkeit übertragen.« Mit diesen drei Aufgaben ist jeder Leiter einer kreativen Gruppe vertraut. Die Führungspersonen verbringen in der Regel viel Zeit damit, dafür zu sorgen, daß die richtigen Informationen die zuständigen Adressaten erreichen – einer der Hauptgründe für das wöchentliche Pflichttreffen bei PARC. Wegen ihres normalerweise perfekten Zusammenspiels brauchen sie kaum zu reden, was für sie jedoch wichtig ist, ist der schnelle Zugang zu relevanten Daten.

Manchmal ist die Funktion eines Gruppenführers völlig diffus. Der Schauspieler George Clooney, einer der Stars des aktionsreichen Krankenhausdramas *Emergency Room* bei NBC, behauptet, der Schöpfer der Serie, Michael Crichton, leiste einen immens wichtigen Beitrag zu deren Erfolg lediglich durch seine Machtposition innerhalb der Medien. Als Autor eines der lukrativsten Unterhaltungsfilme aller Zeiten – *Jurassic Park* – ist er mittlerweile zum 800-Pfund-Gorilla der Unterhaltungsindustrie avanciert. Er bekommt, was immer er will. Es hätte auch andere Projekte gegeben – so Clooney –, die ebenso erfolgversprechend und innovativ waren wie die hochgefeierte Krankenhausserie, die aber letztendlich abgewiegelt wurden, weil ihre Schöpfer nicht das Prestige eines Crichton vorweisen konnten.

Das Beste, was ein Leiter für sein Team tun kann, ist, die Mitglieder ihre eigene Größe entdecken zu lassen. Aber kreative Zusammenarbeit ist keine Einbahnstraße. Ist die Vision des Leiters zu komplex oder fehlen ihm einfach die erforderlichen Fähigkeiten, so erscheint die Flucht in eine Gruppe zuweilen als Ausdruck seiner Hilflosigkeit. Walt Disney hatte seinen großen Traum, hätten aber nicht Hunderte talentierter Menschen ihm geholfen, wäre er niemals Wirklichkeit geworden. Vielleicht ist sogar ihr Leiter derjenige, der die Gruppe am meisten braucht. Luciano De Crescendos Ausspruch »Wir alle sind Engel mit einem Flügel, die nur fliegen können, wenn sie einander umarmen« gilt für den Teamleiter ebenso wie für seine Mitarbeiter.

Die gelegentlich auftretenden negativen Spannungen und Frustrationen erzeugen innerhalb des Teams zuweilen bizarren Humor. Während der Clinton-Kampagne zerschlug Carville hin und wieder ein rohes Ei auf dem Kopf eines Kollegen, um die aufgestaute Spannung auf eine vielleicht absurde, aber dennoch effektive Art und Weise abfließen zu lassen. Im Alltag von Silicon Valley sind ausgelassene Wasserturniere mittlerweile als feste Einrichtung bekannt.

Menschen in kreativen Gruppen bilden einen eigenen Stamm, der eine eigene Tradition entwickelt. In der Regel entwickeln sie eine eigene Sprache, erfinden Insider-Witze und eine eigene Kleiderordnung. Apple war zum Beispiel berühmt für seine Team-T-Shirts. Frage: Wie viele Apple-Mitglieder braucht man, um eine Glühbirne einzuschrauben? Antwort: Sechs. Einen für die Birne und fünf, um das T-Shirt zu entwerfen. Im Bewußtsein jedes Beteiligten wird das gemeinsame Projekt unversehens zu seinem Privatbesitz. Das Macintosh-Team gab seinem Erzeugerstolz Ausdruck, indem es in jeden Computer eine kleine Metallplatte mit den Namen sämtlicher Teammitglieder installierte, um auf diesem Weg ihren Anteil an einem winzigen Stück Zukunft zu dokumentieren, das sie geschaffen hatten.

Was bewahrt geniale Teams davor, zur Kultstätte zu werden? Möglicherweise verhindert allein die Tatsache ihrer naturwissenschaftlichen Orientierung, der ein gewohnheitsmäßiges Hinterfragen und ein Skeptizismus innewohnt, das Aufkommen allzu fanatischer Tendenzen. Außerdem bilden sich geniale Teams vornehmlich dort, wo Nonkonformismus, der ja bekanntlich dem Entdeckergeist dient, gefordert wird. Die Teammitglieder schätzen Kollegialität, wobei ihr Leiter eher als ein Gleicher unter Gleichen als ein besonderer Wissens- oder Informationsträger gilt. Da in der Regel jedes Mitglied seine Fähigkeiten selbstbewußt einzuschätzen weiß, tendiert niemand zu einer Verklärung des Leiters.

Meist fallen die Teams auseinander, wenn das gemeinsame Projekt beendet ist, aber die Erinnerung an die oft kurzlebige Zusammenarbeit leuchtet um so heller im Bewußtsein ehemaliger Mitglieder. Warum blickt George Stephanopoulos auf Monate der Wahlkampfschinderei zurück, um dann dem neugewählten Präsidenten zu gestehen: »Es war die beste Sache, die ich je gemacht habe.« Tatsächlich gibt es eine Menge Gründe dafür. Mitunter gehört das Gruppenleben zu den großartigsten und schönsten Erlebnissen im Leben jedes Teilnehmers. Sie schwärmen regelrecht davon, wieviel Spaß sie beim gemeinsamen geistigen Training hatten. Gemeinschaften, die auf Begeisterung, Leidenschaft und persönlichem Einsatz basieren, sind rar, und Menschen, die an ihnen teilhatten, vergessen sie nie. Dazu kommt die äußerst freudige und belebende Empfindung, Großartiges

zu vollbringen, denn Talent drängt danach, sich zu üben –
es muß ganz einfach!

Aber die Intensität fordert auch ihren Preis. Die Post-par-
tum-Depression, die dem Projekt unweigerlich folgt, kann
unerträglich werden. Intensive Zusammenarbeit ist eine
wirkungsvolle Droge, die oftmals alles andere, besonders
den normalen Alltag, trist und banal erscheinen läßt. Doch
niemand der einmal die Erfahrung einer innovativen Gruppe genossen hat, scheint dies jemals zu bereuen. Schließlich
ist es ungleich befriedigender, außergewöhnliche Menschen
zu treffen und gemeinsam mit ihnen Überragendes zu vollbringen, als einsam für sich zu arbeiten. (»Wenn ich allein
bin«, sagt der Schriftsteller Carlos Fuentes, »bin ich mit
Armut geschlagen.«)

Die Arbeit in einem genialen Team befreit einen Menschen eine Zeitlang aus seinem geistigen Gefängnis, erlöst
ihn von profanen, alltäglichen Selbstverständlichkeiten mit
ihren kargen Belohnungen und manchmal lästigen Pflichten. Niemand der von uns befragten Teammitglieder erzählte uns jemals von den langen Arbeitstagen, von materiellem
Verdienst oder Lobzuweisungen. Sie erinnern sich vor allem
an die Erregung beim Überwinden der Hindernisse, an das
rauschhafte Gefühl, etwas erreicht zu haben, was nie ein
Mensch zuvor geschafft hatte. Genialität ist rar, und die
Chance, sie zusammen mit anderen zu trainieren, bietet sich
nicht oft. Ein berühmter Hochseiltänzer hat einmal gesagt:
»Auf dem Seil zu sein bedeutet Leben, alles andere ist Warten.« Die meisten von uns warten. In genialen Teams jedoch
wird Talent zum Leben erweckt.

Die Disney-Truppe

Am 24. Juli 1985 hatte Disney Animation ihren Tiefpunkt erreicht. An diesem Tag wurde der Film *Taran und der Zauberkessel (The Black Cauldron)* uraufgeführt. Kein anderer Disney-Zeichentrickfilm hatte jemals so üble Kritiken bekommen. Dem Studio schien sein Geheimnis abhanden gekommen zu sein: Wie man ein Publikum dazu bringt, Anteil zu nehmen an Figuren, die buchstäblich dem Zeichenbrett entsprungen sind. Die Zeit schien verflossen, als Disney so erfolgreiche Kinohits wie *Schneewittchen und die sieben Zwerge (Snow White and the Seven Dwarfs*, 1937), *Fantasia* (1940), *Bambi* (1942), *Aschenputtel (Cinderella*, 1950) und *101 Dalmatiner (101 Dalmatians*, 1961) und zuletzt den Klassiker *Das Dschungelbuch (Jungle Book*, 1967) produziert hatte. »*The Black Cauldron* war der schlechteste Film, der je gemacht wurde«, erinnert sich Peter Schneider, Chef der Feature Animation bei Disney.

In dem darauffolgenden Jahrzehnt schwang sich Disney zu neuen Höhen auf. Mit dem Erwerb von Capital Cities/ABC im Jahre 1995 wurde es zum mächtigsten Unterhaltungsunternehmen der Welt. Darüber hinaus hat es ein neues goldenes Zeitalter des Zeichentrickfilms geschaffen. Seit *Ariel, die Meerjungfrau (The Little Mermaid*, 1989) hat Disney eine beispiellose Kette anerkannter Filme herausgebracht, einschließlich *Die Schöne und das Biest (The Beauty and the Beast*, 1991), *Aladdin* (1992), *Der König der Löwen (The Lion King*, 1994) und *Toy Story* (1995). Diese Filme haben Disney mehr als 12,5 Milliarden Dollar eingebracht.

Wieder einmal hatte das von Walt Disney aufgebaute Studio Filmgeschichte geschrieben! *The Beauty and the Beast* war der erste Zeichentrickfilm, der je für einen Oscar nominiert wurde. Der mit Begeisterungsstürmen aufgenommene Film *Toy Story*, von Steve Jobs' Pixar-Animation-Studio für Disney hergestellt, war der erste vollständig computeranimierte Spielfilm. Sogar Filme, die von Kritikern weniger begeistert aufgenommen wurden, wie etwa *Pocahontas* (1995) oder *Der Glöckner von Notre Dame (The Hunchback of Notre Dame*, 1996), zeigen noch unabweisbar etwas von der alten Disney-Magie.

Seit 1989 war das Disney-Zeichentrick-Department wieder das, was es während seiner glorreichen Jahre einmal gewesen war: ein großartiges Team. Durch die Rückbesinnung auf Walt Disneys Vision, kombiniert mit einer Reihe geschickter Schachzüge der derzeitigen Führungsriege der Gesellschaft, hat sich die Abteilung auf triumphale Weise praktisch selbst wiedererfunden – zum Neid des übrigen Hollywood, wenn nicht sogar des ganzen globalen Marktes.

Mitte der achtziger Jahre jedoch befand sich die Abteilung in einem Dilemma. Das gesamte Unternehmen schien sich in Auflösung zu befinden. 1984 hatte Roy E. Disney, Sohn des Mitbegründers Roy O. Disney (und der Mann, den Walt Disney manchmal gehässig als den »blöden Neffen« abtat), erfolgreich den von Walts Schwiegersohn Ron Miller geführten Verwaltungsapparat verdrängt und damit die Übernahme durch Saul Steinberg abgewendet.

Einer der ersten Schritte des jungen Roy war die Ernennung M.D. Eisners, Kopf der Paramount Pictures, zum Vorstandsvorsitzenden bei Disney mit Frank Wells als Präsidenten. Als das Duo mit seiner drastischen Umstrukturierung begann, die später den Umbau des gesamten Unternehmenskomplexes nach sich zog, warf es auch einen mitleidlosen Blick auf die sich abstrampelnde Zeichentrickabteilung und erwog, sie umstandslos zu schließen. Dies geschah nicht, weil Roy all seine Überredungskünste aufbot und die Zugkraft des Namens Disney ins Feld führte. Heute hat Roy das schönste Büro in dem etwas schrulligen Animationsgebäude in Burbank, ein Raum unter der gigantischen Nachbildung des konischen, mit Sternen übersäten blauen Hutes, den Mickymaus als Zauberlehrling in Fantasia trug. Es ist das Schlüsselbild des Gebäudes, ein Symbol der Magie von Disney Animation.

Die Behauptung, Roy Disney habe eine kulturelle Tragödie verhindert, ist nicht übertrieben. Abendfüllende Zeichentrickfilme waren Walt Disneys Erfindung. Als klassischer innovativer Unternehmer verwandelte Walt Disney seine Erfindung in ein Produkt, das Millionen Menschen wollten, und machte dieses zu einer unerschöpflichen Quelle von Einkünften für das Unternehmen, das seinen Tod am 15. Dezember 1966 überlebte. Noch immer spielt der Zeichentrickfilm eine Schlüsselrolle im internationalen Disney-Unternehmen und macht mindestens 40 Prozent der Gesamteinnahmen aus.

Der Vater von Mickymaus wußte, daß eine Zeichentrickfigur, die die Herzen der breiten Bevölkerung eroberte, ei-

nem Goldesel gleichkam. Mickymaus brachte nicht nur
Millionen von Zuschauern in die Kinos, sondern die lie-
benswerte kleine Maus schaffte es, innerhalb weniger Jahre
Millionen von Dollar für Mickymaus Uhren und andere
Merchandise-Artikel zu bewegen. Wie sein Biograph Leonard Mosley anmerkt, schlachtete Walt Disney seine Figur
mit der hingebungsvollen Gründlichkeit des Farmers aus,
der jeden Teil eines Schweins verwertet, außer dessen Quie-
ken.

Vom wirtschaftlichen Standpunkt aus ist und war eine der
wichtigsten Funktionen der Zeichentrickfilme die Produktion einer scheinbar unendlichen Reihe unvergeßlicher Charaktere, angefangen bei Schneewittchen und den sieben
Zwergen bis zu Woody und Buzz, den beiden digitalen Kum-
pels aus der *Toy Story*, und Victor, Hugo und Laverne, die
komischen Wasserspeier aus *Der Glöckner von Notre Dame*.
Diese Figuren lösen bei Millionen von Kindern die Sehnsucht
nach *König-der-Löwen*-Schulbrotbüchsen und anderen
Utensilien aus, die die Erwachsenen begeistert für sie kaufen.

Mit der Begabung, nicht nur eine auf Kinder abzielende
Vermarktung zu betreiben, sondern auch bereitwillige erwachsene Konsumenten in den profitablen Prozeß einzube-
ziehen, ist Disney praktisch einzigartig. Welcher Erwachsene war nicht selbst als Kind dem Disney-Zauber verfallen?
Mit Disney-Parks, einem eigenen Fernsehsender, Broadway-
Musicals und Road-Shows, Einzelhandelsgeschäften, dem
Verlag, der interaktiven Media-Abteilung und nicht zuletzt
dem berühmten Disney-Eishockey-Team (bei weitem noch
keine vollständige Auflistung aller Aktivitäten) hat die Gesellschaft dem Begriff »Vertical Integration«, dem Prozeß
des lukrativen Zusammenspiels von Unterhaltungsproduk-
tion, Verkauf und Marketing, neue Bedeutung verliehen.

(Offiziell verantwortlich für diese Integration ist das Department of Corporate Synergy.)

Das Bemerkenswerteste an diesem Phänomen ist vielleicht die Tatsache, daß die Erwachsenen, die ja in der Regel bezahlen müssen, sich dabei nicht ausgenommen fühlen, wie es bei manchen anderen Produkten für Kinder vorkommen kann, sondern mit einem zufriedenen Lächeln ihr Geld ausgeben. Der Grund: Disney produzierte niemals ausschließlich für Kinder. Als man einen Mann, der zur Aufführung von *101 Dalmatiner* allein ins Kino kam, fragte, warum er kein Kind mitgenommen habe, antwortete er: »Hab' ich doch – mich!«

Disney von heute buhlt um diesen großen, immer weiter expandierenden Erwachsenenmarkt so heftig wie nie zuvor. Für jeden Zeichentrickfilm startet Disney zum einen eine Kinderkampagne, meist ein Plakat, das sämtliche Protagonisten bei einem sommerlichen Kinderfest zeigt, zum anderen eine Kampagne für Erwachsene. Im Unterschied zum Kinderplakat ist das Poster für die Erwachsenen romantisch und beschwörend – ein gutes Beispiel dafür: das Plakat für *Die Schöne und das Biest*, das die einsame Silhouette der Bestie zeigt, wie sie ergriffen eine rote Rose betrachtet.

Der Gründer Walt Disney hat an Zeichentrickfilme von Spielfilmlänge geglaubt, als die meisten sie für nicht realisierbar hielten, und er begann, die ersten und vielleicht noch immer unübertroffenen abendfüllenden Trickfilme mit besessenem Eifer zu konzipieren und zu realisieren. Dennoch erforderte gerade der Zeichentrickfilm von Anfang an eine gemeinsame Anstrengung. Eine von Walt Disneys selbstgerechten Eigenarten war es jedoch, darauf zu bestehen, die Lorbeeren für den Triumph seines Studios allein zu ernten, während die Erbauer der Kathedrale anonym blieben.

Aber selbst Mickymaus, vielleicht mit Disneyland die ur-
eigenste Schöpfung Walt Disneys, ist durch Zusammenarbeit entstanden. Zwar war es Walt Disney, der 1928 entschied, sein neuer Cartooncharakter solle eine Maus sein;
auch hat er die vielparodierte Piepsstimme beigesteuert, mit
der Mickymaus erstmals in dem Pionier-Cartoon *Steamboat
Willie* (1928) spricht. Tatsächlich haben jedoch seine Zeich-
nerkollegen nahezu die gesamte Zeichenarbeit ausgeführt,
und Walt Disneys Frau Lillian überzeugte ihn, das charismatische Nagetier lieber »Mickey« statt »Mortimer« zu
nennen.

Wie John Briggs in seinem Buch schreibt, ist »Gemeinschaftsarbeit eines der bestgehüteten Geheimnisse im Krea-
tivbereich«. Und das, obwohl Gemeinschaftsarbeit in der
Kunst sich bis zu den Höhlenzeichnungen zurückverfolgen
läßt. Selbst einige der Künstler, die wir für großartige und
einsame Genies halten, waren in Wirklichkeit leitende In-
spiratoren künstlerischer Teams. Der Historiker William E.
Wallace betont, daß dreizehn Menschen mit Michelangelo
an der Sixtinischen Kapelle arbeiteten und mindestens zwei-
hundert weitere unter des Meisters unnachsichtiger Aufsicht beim Bau der Laurenzianischen Bibliothek in Florenz
assistierten. Disney arbeitete also – wenn auch unbewußt –
in einer ehrwürdigen Tradition, als er das Team formierte,
das den ersten Zeichentrickfilm in Spielfilmlänge herstellte:
Schneewittchen und die sieben Zwerge.

Sowohl für Disney als auch für Michelangelo machte das
Ausmaß des Vorhabens Zusammenarbeit unumgänglich.
Animation in der Zeichentrickfilmproduktion ist eine der
aufwendigsten Kunstformen. Bis zu der Erfindung von Xe-
rographie und Computern, mit denen man die Simulation
realistischer Bewegungen programmieren konnte, erforder-

te eine Zeichentricksequenz, die etwas so Einfaches zeigte wie zum Beispiel eine Kuh, die über den Mond springt, Tausende individueller Zeichnungen. Sogar einfache, achtminütige »animierte Kurzgeschichten« bedurften umfassender Arbeiten, und erst recht wäre keine einzelne Person je fähig gewesen, einen abendfüllenden Zeichentrickfilm allein zu produzieren. *Schneewittchen und die sieben Zwerge* hatte eine Vorführungsdauer von etwa dreiundachtzig Minuten und benötigte zweihundertfünfzigtausend vollständig ausgeführte Zeichnungen. Dazu die Mitarbeit Hunderter Nichtzeichner, angefangen bei den Musikern bis hin zu den Technikern für die Spezialeffekte.

Die Entstehungsgeschichte von Disneys *Schneewittchen* ist paradigmatisch für das Vorgehen genialer Teams bei der Schaffung von Neuem, Wundervollem. Am Anfang – wie bei solchen Vorhaben üblich – stand eine Vision, Walt Disneys persönliche Vision. Laut einer Legende seiner Biographen reiste Walt Disney nach Europa, kurz nachdem er die Produktion der Kurzfilme mit Mickymaus produziert hatte. Er erfuhr, daß ein Lichtspielhaus in Paris sechs oder sieben nacheinander ablaufende Mickymaus-Kurzfilme zeigte, ohne anschließenden Hauptfilm, und das mit Erfolg.

Aber Walt Disney wollte mehr als nur Cartoons aneinanderreihen. Er wollte einen abendfüllenden Zeichentrickfilm machen, und zwar einen großartigen. Er war sicher, die Verleihe würden anständig dafür zahlen.

Die ökonomischen Gründe aber reichen als Antrieb für die Errungenschaften von *Schneewittchen* bei weitem nicht aus. Um zu begreifen, wie weit Disney den Zeichentrickfilm vorangebracht hat, betrachte man nur seinen revolutionären *Steamboat Willie*. Wie vergnüglich dieser Film auch sein mag, es ist eine grob gezeichnete und holprig animierte klei-

ne Geschichte voll mißtönender Soundeffekte und Schaubu-
denklamauk. Der Film, den Disney nur sechs Jahre später
zu produzieren begann, war nicht nur länger, er war auch
ungleich tiefer und reicher: *Schneewittchen und die sieben
Zwerge* zeichnet sich außerdem durch unvergleichliche
technische Errungenschaften aus.

Oft motivieren Leiter großartiger Teams ihre Mannschaft
mit anfeuernden Reden: Sie kündigen ihnen Kämpfe und
Widerstände an, deren Überwindung einem jeden von ihnen
zur Ehre gereiche, denn es gehe um große Ziele. Aber weder
Reichtum noch persönlicher Ruhm werde ihre Belohnung
sein, alles, was ihnen als Lohn winke, sei Abenteuer, Ent-
deckerfreude und der Stolz, daß die Welt sich vielleicht noch
lange an sie erinnern wird.

Walt Disney startete *Schneewittchen* mit einer vergleichbaren verbündenden und anfeuernden Ansprache. Wie sich
sein Chefzeichner Jahre später erinnerte, warnte Walt Disney vor den Schwierigkeiten, nicht nur einen langen Zeichentrickfilm, sondern eine neue Form voller Dramatik und
vor allem Gefühl zu schaffen. Sie müßten sich auf völlig
neues Terrain wagen, das noch von keinem Cartoonisten
vor ihnen betreten wurde. Er schärfte ihnen ein, von ihnen
werde nicht bloß die Erfindung von Gags und Kunststücken
erwartet, sie sollten vor allem ein Fluidum des Wunderbaren in einer realen Welt voll echter Menschen entstehen lassen. Es gehe nicht einfach um Zeichentrick, sondern um
dramatisches Theater mit Figuren, die auf der Leinwand
zum Leben erwachen sollten wie nie zuvor gesehen.

Zunächst betrachteten die meisten Beobachter, einschließlich seines Bruders und Partners Roy, Walt Disneys
Projekt als reines Hirngespinst. Unter den Spöttern befand
sich auch der Leiter des Konkurrenzstudios Louis B. Mayer,

der die bloße Idee für lächerlich hielt: »Wer bezahlt schon dafür, eine gezeichnete Märchenprinzessin zu sehen, wenn man doch Joan Crawfords Busen für den gleichen Eintrittspreis zu sehen bekommt?« Aber Walt Disney ließ sich nicht davon abbringen.

Der Psychologe Martin Seligman hat darauf hingewiesen, daß Erfolg oft im Optimismus wurzelt, auch wenn dieser durch die Fakten nicht gerechtfertigt ist. Geniale Teams lassen sich von Hürden und Rückschlägen nicht abschrecken. Statt dessen hebt die beschwingende Überzeugung, Neuland zu erobern oder da zu obsiegen, wo andere versagten, die Moral. Die Leiter solcher Gruppen fungieren als »Lieferanten von Hoffnung«, nicht unbedingt als Stimme der Vernunft. Nicht selten ist es die Führungspersönlichkeit, die am leidenschaftlichsten an die Sache glaubt. Nicht eine Sekunde lang zweifelte Walt Disney, daß er *Schneewittchen* machen konnte. Seine Philosophie war so simpel wie inspirierend: »Wenn man es träumen kann, dann kann man es auch machen.«

Meistens ist die schwierigste Stufe der Bildung genialer Teams die Rekrutierung ihrer Mitglieder. Walt Disney wollte in seinem Studio Künstler, die zu flüssigeren, wirklichkeitsnäheren Bewegungsabläufen fähig waren, als es je zuvor gelungen war. Um dieses Ziel zu erreichen, stellte er 300 kommerzielle Künstler, Architekten und potentielle Künstler aus dem ganzen Land ein. Alle Angeworbenen waren männlichen Geschlechts, da Walt Disney (als Kind seiner Zeit) der Meinung war, Männer seien die besseren Zeichner und Frauen hätten eine spezielle Begabung für die langweiligen, weniger gut bezahlten Arbeiten wie Tuschen und Kolorieren (1942 durchbrach Retta Scott, eine Zeichnerin für *Bambi*, zum ersten Mal die Geschlechterschranke).

Um Training und Handwerkszeug kümmerte sich Walt

Disney als nächstes. Er begann, sowohl die neu Rekrutierten als auch seine alten Mitarbeiter künstlerisch zu schulen. Sie sollten nicht nur glorifizierte Strichmännchen – wie amüsant auch immer – zeichnen. Walt schickte seine Angestellten zu Abendkursen beim berühmten Chouinard Art Institute of Los Angeles, wohin er sie manchmal selbst chauffieren mußte. Später eröffnete er eine Kunstschule im eigenen Studio. Er engagierte Gastprofessoren, unter anderem Frank Lloyd Wright, um von ihren Kenntnissen über Bewegung, Psychologie der Farben, Humor und anderen Dingen zu profitieren, die er als wichtige Bausteine in der Ausbildung zu einem Disney-Zeichner ansah.

Die Fähigkeit, Vorbereitungen zu treffen für etwas, das noch nicht stattgefunden hat, für eine Zukunft, die man sich bis dato nur vorstellt, ist eines der Gütezeichen für die Leiter genialer Teams. Disney sagte über dieses Trainingsprogramm: »Es war teuer, aber ich mußte meine Leute fit machen für das, was sie einmal zu tun haben würden.« Das Trainingsprogramm half talentierten Menschen, die verfeinerten Fertigkeiten eines Disney-Zeichners zu entwickeln, und wurde ein fester Bestandteil des Studios. 1970 gab Disney Millionen aus, um das neue California Institute of the Arts in Valencia auszustatten. Bekannt als die »Schule, die Disney erbaute«, wurde CalArts schnell zum wichtigsten Ausbildungsort für Zeichner in der ganzen Welt. Seine besten Studenten werden, noch bevor sie graduiert sind, regelmäßig für Disney und andere Studios angeworben.

Wie bei fast allen genialen Teams, griff Walt Disney begeistert neue Technologien auf, um sie dann zu verbessern. 1928 hatte *Steamboat Willie* die neue Technologie für Synchronisation von Ton und Bewegung im Film genutzt. 1932 war Disney das erste Studio, welches das neue Drei-Farben-

Verfahren von Technicolor einsetzte. Während die übrigen Studios zunächst eine abwartende Haltung gegenüber dem neuen Verfahren einnahmen (*Becky Sharp*, der erste Live-Actionfilm im Drei-Farben-Verfahren, kam erst 1935 heraus), sah Disney sofort das ästhetische Potential und begann mit der Produktion eines Farbkurzfilms in seiner beliebten *Silly-Simphony*-Serie. *Flowers and Trees* gewann den ersten Trickfilm-Oscar für den besten Zeichentrickkurzfilm von 1932.

Walt Disney erkannte, daß die Farbe mit der ihr innewohnenden Fähigkeit, Gefühle zu provozieren und die Darstellung zu verstärken, ein wichtiges Element seiner neuen Kunstform sein würde. Im Vorfeld von *Schneewittchen* machte das Studio einen weiteren Technologiesprung, indem es die Multiplane-Kamera erfand, die stolze 70 000 Dollar kostete und vierzehn Fuß hochragte. Wie jede andere Kamera filmte auch diese eine Abfolge von Zeichnungen, aber mit ihr war es möglich, auch Hintergründe und andere Bildelemente auf verschiedenen Ebenen anzuordnen und damit eine realistischere Tiefe zu erreichen, als es sie je zuvor in diesem Medium gegeben hatte.

Bei Disney war es die Regel, so zu tun, als verkörpere allein Walt das Unternehmen. Die Künstler, die Disneys Kurzfilme zeichneten, erhielten keine individuelle Belohnung, bis zum Streik im Jahre 1941, der das Studio gründlich veränderte. 1957 versuchte Walt Disney, dem Reporter und späteren Disney-Biographen Bob Thomas diese Disney-Regel zu erklären. »All die Jahre«, gesteht Walt, »habe ich die Lorbeeren für die Comic-Strips und die Zeichentrickfilme geerntet. Dahinter stand eine bestimmte Absicht: Ich wollte den Namen Disney als eine Garantie für gute Familienunterhaltung etablieren.«

Wem Anerkennung wofür zusteht, ist bei einem Disney-Film schwer zu klären. Alle sind sich jedoch einig, daß *Schneewittchen* zunächst Bild für Bild im Kopf von Walt Disney Form annahm. Um seine Vision allen klarzumachen, versammelte er eines Abends – es war im Jahre 1934 – seine Zeichner in einem leeren Tonstudio und spielte ihnen unter einer nackten Glühbirne das Märchen von der schwarzhaarigen Königstochter vor.

Auf Klappstühlen hockend, sahen und hörten seine Männer gebannt zu: Schneewittchens erste Begegnung mit den Zwergen, die individuellen Eigenheiten der sieben kleinen Männchen, die Verwandlung der schönen, aber bösen Königin in eine hinterhältige alte Hexe, die Bedrohung durch den vergifteten Apfel und den Kuß, der die schlafende Heldin schließlich wieder zum Leben erweckt.

Was sich hier abspielte, war keine Rezitation. Augenscheinlich brachte Walt die ganze Darstellungskraft eines guten Schauspielers ins Spiel. Die niederträchtige Königin war die erste seiner vielen überlebensgroßen weiblichen Bösewichte, und Walt schöpfte diese Rolle bis an ihre Grenzen aus. An der Stelle, an der die böse Hexe Schneewittchen den vergifteten Apfel anbietet, zog er sich seine Jacke wie eine Kapuze über den Kopf und näherte sich dem unschuldigen Opfer, die verführerische Gabe fast sichtbar in der Hand haltend. Als Walt Disney Schneewittchen darstellte, wie sie vom Kuß des Prinzen erwacht, sollen einige der erwachsenen Zeichner geweint haben.

Das alles war kein Party-Gag, diese Stunden dauernde Vorstellung bedeutete vielmehr eine Art lebendiges Skript, zu dem die Zeichner, als es an die Verwirklichung des Films ging, immer wieder Zuflucht nahmen. (Erst ab 1980 wurden für Disneys Zeichentrickfilme tatsächlich Drehbücher verfaßt, davor ging die Story direkt vom Zeichenbrett in die Produktion.)

Als Walt Disney sich später einen Bankkredit bewilligen lassen mußte, um *Schneewittchen und die sieben Zwerge* fertigzustellen, wiederholte er seine Ein-Mann-Show während einer Vorführung des zur Hälfte abgedrehten Films. Der Bankdirektor kommentierte: »Wirklich schade, daß wir Walt Disney nicht auf der Leinwand zu sehen bekommen. Es war eine der besten Vorstellungen, die ich je gesehen habe.«

Die Amerikaner mögen es nicht, wenn sich jemand für die Arbeit anderer feiern läßt. Es beleidigt ihren Sinn für »Fair Play«. Deshalb sah Walt Disney sich schließlich mehr oder weniger genötigt, seinen Anhängern zu erklären, was er in dem Unternehmen, das seinen Namen trug, tatsächlich leistete. Die Disney-Version der Wahrheit, auf die sich das Studio immer wieder berief, ist die »Bienengeschichte«, die unter anderem in einem Artikel des *National Geographic* vom August 1963 erschien.

»Eines Tages wurde ich von einem kleinen Jungen in Verlegenheit gebracht, der mich fragte: ›Zeichnen Sie eigentlich Mickymaus?‹ Ich mußte gestehen, daß ich überhaupt nicht mehr zeichnete. ›Dann denken Sie sich vielleicht all die Witze und Geschichten aus?‹ ›Nein‹, sagte ich, ›auch das tue ich nicht.‹ Er sah mich an und fragte geradeheraus: ›Mr. Disney, was tun Sie eigentlich überhaupt?‹

›Nun‹, antwortete ich, ›manchmal komme ich mir vor wie eine kleine Biene. Ich gehe von einer Abteilung des Studios zur anderen und sammle Pollen und stimuliere dabei gewissermaßen alle anderen.‹ – Ja, ich nehme an, das ist mein Job. Ich sehe mich absolut nicht als Geschäftsmann, und ich habe nie geglaubt, daß ich als Künstler etwas tauge.«

Es paßt zu Walt Disney, daß er, als er 1939 den Special Academy Award in Form eines großen und sieben kleiner Oscars für *Schneewittchen und die sieben Zwerge* erhielt, sich nicht die Mühe machte, den 750 Künstlern zu danken, die an diesem Film gearbeitet hatten. Wenn der Spielfilm eine der kollektivsten aller Kunstformen ist, so wird er darin vom Zeichentrickfilm noch übertroffen. Die meisten Menschen können nicht den Namen einer einzigen Person außer Disney nennen, die an der Entstehung von *Schneewittchen* beteiligt war, obwohl der Film die außerordentliche Anstrengung Hunderter von Künstlern erforderte. Beispielsweise wurde der populärste Song des Films *Whistle while you work* von Frank Churchill komponiert, der auch *Who's afraid of the Big Bad Wolf?* geschrieben hat. Schneewittchens jugendliche Grazie basierte auf den Vorführungen einer begabten jungen Tänzerin, die später als Marge Champion zu Ruhm gelangen sollte. (Noch heute filmt Disney Schauspieler und Tänzer in passenden Kostümen, um seine Zeichner anzuregen.) Zwergwüchsige Menschen wurden angeheuert, um den Zeichnern zu demonstrieren, wie die Zwerge sich nach einem langen Tag im Bergwerk nach Hause schleppten.

Die Disney-Truppe war in der Lage, mehr Ideen hervorzubringen und zu entwickeln, als ein einzelner es je hätte tun können. Eine von Walt Disneys wichtigsten Aufgaben war das Aussortieren schlechter Ideen und das Wiederankurbeln des Projekts. Ein Beispiel: Brummbär – vielleicht der wahre Star des Films – war ursprünglich wie die anderen Zwerge als alter Mann mit Bart geplant. Walt Disney fand, daß es seine Anziehungskraft steigere, wenn man ihn jung und etwas tolpatschig darstellte. Daraufhin wurde seine Rolle neu festgelegt als die eines vorpubertären Jungen mit jenen großen blauen Augen und glatten Zügen, von denen die Psychologen wissen, daß sie Sympathie und Beschützerinstinkte bei Erwachsenen erwecken. (50 Jahre später sollte auch das »Biest« diese »Paul-Newman-Augen« bekommen, um anzudeuten, daß tief im Innern dieser Kreatur sich etwas Wundervolles verbarg.)

Auch für *Schneewittchen* gab es einen »Redaktionsschluß«. Das Projekt bedurfte der gemeinsamen Anstrengung Hunderter von Menschen, die so gut und so schnell arbeiteten wie sie nur konnten. Chefzeichner wie Art Babbitt, der die Truppe leitete, die an der schönen, aber bösen Königin arbeitete, und Norm Ferguson, Kopf des Teams, das die Hexe zeichnete und bewegte, leisteten etwas, das wenige Künstler, in welchem Medium auch immer, zuvor geschafft hatten. Ihre Zeichnungen vermochten echte Gefühlsregungen auszulösen. Eine gewaltige Zahl anderer Mitarbeiter trug ihren Teil dazu bei, angefangen bei den Special-Effects-Spezialisten, die neuartig strukturierte Farben erfanden, um die Gewänder der bösen Königin samtig erscheinen zu lassen, bis zu den Klangspezialisten, die unter Wasser sangen, um das Gurgeln der sieben Zwerge beim Waschen zu erzeugen.

Die Unternehmensentscheidung, Werk und Arbeit einzig und allein mit dem Namen Walt Disney zu verbinden, stellte alle übrigen Protagonisten in seinen Schatten. Dies traf besonders Walt Disneys Bruder Roy. In der Literatur über Disney wird Roy oft als der Mann dargestellt, der Disney von seinen visionären Träumen abzubringen versuchte, als Pragmatiker, der gegen alles etwas einzuwenden hatte und dessen vorrangiger Beitrag darin bestand, nein zu sagen. Hier scheint die schon erwähnte zweifache Führungsstruktur vorzuliegen, wonach Roy der Beschützer war, der es dem

Genie ermöglichte, sich zu entfalten. Von Anfang an spielte Roy eine Schlüsselrolle in der Organisation, nicht nur, indem er Walt Disney die Freiheit gab, kreative Entscheidungen zu treffen, sondern auch, weil er Seite an Seite mit ihm das Unternehmen mit großem Können leitete.

Roy führte die wichtigen Verleihverhandlungen für das Studio und ermöglichte den Einstieg in neue wichtige Medien wie das Fernsehen. Weit vorausschauend knüpfte er Verbindungen mit Warenhäusern und anderen Einzelhändlern, um das Disney-Merchandising voranzubringen. So förderte er in den dreißiger Jahren in sämtlichen amerikanischen Staaten das Entstehen von Mickymaus-Clubs, die auf ihrem Höhepunkt – 1932 – mehr als eine Million Kinder als Mitglieder aufwiesen, was wiederum vermehrte Kinobesuche und steigenden Absatz von Merchandise-Artikeln nach sich zog. Man mag es sehen wie man will, aber ein neuer Disney-Film war zu einem Anlaß geworden, für Kinder Geld auszugeben wie zu Weihnachten oder zum Geburtstag. Dafür verdient Roy bestimmt ebensoviel Anerkennung – oder Schuldzuweisung – wie Walt Disney.

Manchmal trat Roy wirklich als Pragmatiker auf, indem er »Nein« oder zumindest »Genug« sagte. Wie auch andere geniale Teams einsehen mußten, ist notwendigerweise an irgendeinem Punkt Ablieferungstermin. Der Prozeß des Entstehens mag aufregend und unterhaltsam sein, aber irgendwann muß man liefern oder man steht als Versager da. Eines Tages – das Premierendatum für *Schneewittchen* im Dezember 1937 nahte – entdeckte Walt Disney plötzlich, daß die Figur des Prinzen flatterte, während er sich über Schneewittchens gläsernen Sarg beugte. Walt wollte daraufhin die Szene neu drehen, während die Kosten des Films sich bereits der schwindelerregenden Summe von 1,5 Millionen Dollar nä-

herten. Aber Roy wollte absolut nichts davon wissen. »Laß
den Prinzen doch wackeln«, rief er nur. Die im Film sichtbare
kleine Unvollkommenheit beeinträchtigte den Kassenerfolg
nicht im geringsten. *Schneewittchen und die sieben Zwerge*
war der erfolgreichste Film des Jahres 1938 und spielte acht
Millionen Dollar ein. Das Publikum liebte Schneewittchen –
und die Filmkritiker taten es ebenso.

Ein Porträt der Disney-Studios im *Atlantic Monthly* vom
Dezember 1949 enthält einen aufschlußreichen Schnapp-
schuß von Walt und seinem Team auf deren Höhepunkt. Der
Beitrag, verfaßt von Paul Hollister, trug die Überschrift *Das
Genie bei der Arbeit: Walt Disney*. Hollister beschreibt mei-
sterhaft, welch außerordentlich komplexe Maschinerie be-
nötigt wird, um einen Disney-Film zustande zu bringen. Der
Journalist besuchte Disneys damals neues Burbank-Studio,
während die Disney-Truppe an ihrem neuesten Film *Fantasia*
arbeitete, dem ehrgeizigsten Filmprojekt Walt Disneys.

Zwischen 1935 und 1949 hatte sich das Studio von 200
auf 1100 Angestellte erweitert (ungefähr die Zahl der heutzutage an einem Zeichentrickfilm Beteiligten). Die Mitarbeiter waren durchschnittlich Mitte bis Ende 20. Sie waren
von überall auf der Welt angeworben worden. Dabei gab es
nur ein einziges Auswahlkriterium: die Besten in ihrer Spar-
te zu nehmen – wie es sich für geniale Teams gehört. »Disney forscht nach den Spitzenkräften auf ihrem Spezialge-
biet«, schreibt Hollister, »bald wird er hinter Picasso her
sein.« Hollister bezeichnet die Disney-Truppe als hochmoti-
vierten, immer zu Streichen aufgelegten Haufen. Obwohl
Hollister diskret genug war, bestimmte Beobachtungen
nicht öffentlich breitzutreten, so ist doch allgemein bekannt, daß in den Studios zu dessen besten Zeiten reichlich
Alkohol getrunken und auf den Fluren Football und Crok-

ket gespielt wurde. Mindestens einmal geriet dabei der Enthusiasmus etwas außer Kontrolle. Um seinen Mitarbeitern für die rechtzeitige Beendigung von *Schneewittchen* zu danken, lud Walt Disney sie alle zu einem Wochenende auf Firmenkosten in ein Hotel in der Nähe von Palm Springs ein. Der Champagner floß in Strömen, jemand sprang nackt in den Swimmingpool, und schon folgten ihm die jungen Zeichner der sieben Zwerge samt den knackigen jungen Frauen, die diese koloriert hatten. Angewidert entflohen der puritanische Mr. Disney und seine Frau dieser später als »Schneewittchenorgie« bezeichneten Veranstaltung.

Dampf abzulassen – mitunter auf recht alberne Art und Weise – ist für geniale Teams typisch. Eine Tradition, der noch heute mit Wasserkämpfen und dergleichen Ausgelassenheiten in Silicon Valley gefrönt wird.

Laut Hollister war jeder der 650 Künstler der *Fantasia*-Periode ein absoluter Fachmann auf seinem Gebiet. Jedem und jeder einzelnen war es erlaubt, seiner oder ihrer ganz persönlichen Neigung zu folgen; Disney verlangte lediglich ausgezeichnete Ergebnisse. Hollister zitiert das Beispiel von Emil, dem großen Trickfilmzeichner, der keine Enten zeichnen wollte. »Tatsächlich«, schreibt Hollister, »kann dieser Mensch hervorragend Enten zeichnen, aber ihm gefiel es – so behauptet er jedenfalls – …, mit großen Figuren herumzuspielen. Deshalb war es Emil, der schließlich Stromboli und den Riesen für *Hercules* schuf, Emil, der für *Fantasia* einen Teufel erfand, der einem die Seele aus dem Leibe ängstigen konnte. Es gibt Entenmänner und Mausmänner, die einfach nicht in der Lage sind, Emils Figuren nachzuempfinden.«

Wie Hollister richtig erkannte, war die Fähigkeit, eine ausgezeichnete Fachkraft zu finden und diese an den richtigen Platz zu setzen, eine von Walt Disneys entscheidenden Führungsqualitäten, möglicherweise die Schlüsselfähigkeit jedes Organisators eines genialen Teams. »Bei jedem einzelnen Künstler die Launen aufzuspüren, zu entdecken, womit er sich am liebsten beschäftigt, und dann genau diese Eigenart für sich einzuspannen, ist ein weiteres Beispiel für Disneys Entschlossenheit, für jede Aufgabe nur die besten der verfügbaren Leute heranzuziehen«, schreibt Hollister. Der eine mag hübsche Mädchen und darf sie auch stundenlang zeichnen, ein anderer findet dies extrem langweilig.

Obwohl jeder im Disney-Studio während der Arbeit vor sich hinzupfeifen schien, schufteten sie dennoch wie die Teufel. Lebensgefährten und Kinder wurden gewöhnlich vernachlässigt, die Disneys eingeschlossen. Wie Hollister betont, war Perfektion das Markenzeichen der Disney-Truppe. Selbst die kleinsten Dinge wurden hervorragend ausgeführt. Hollister beschreibt, wie 40 Einzelskizzen eines Hasenbabys angefertigt wurden – eines Charakters von äußerster Trivialität, nichts weiter als eine Trickfilmzugabe in *Schneewittchen*.

Um was es auch ging, bei Disney wurde es mit missionarischem Eifer angegangen. Hollister schildert zum Beispiel die Qualitätsbesessenheit der Soundeffekt-Spezialisten: »Hier haben wir einen Geheimbund von Soundeffekt-Leuten, die ein Gewitter nicht wie durch ein Mikrophon klingen lassen, sondern wie ein Gewitter mit ›Persönlichkeit‹. Diese Leute arbeiten ganze Nachmittage, um eine richtige Aufnahme des Wortes ›Hallo!‹ zustande zu bringen. Sie würden niemandem je die Herstellungsrezeptur ihrer Geräuscheffekte verraten, denn sie sind so eifersüchtig wie Panther. Sie geben Hunderte von Dollar aus, um einen elektrischen Ventilator mit einem Durchmesser von einem Meter zu konstruieren, damit bei der Aufnahme ein Sänger sein Lied durch den Glaszylinder einer Petroleumlampe gegen den wirbelnden Ventilator zwitschern kann, um so im Lied einen gewissen nörglerischen Unterton mitschwingen zu lassen.«

Wir wissen bereits, wie Walt Disney seine Rolle im Studio gern beschrieb: Walt, die fleißige Biene. Hollisters Ansicht nach gab es bei Disney eine perfekte Arbeitsteilung. Die begabten Angestellten taten ihr Bestes, während Walt Disney die Ergebnisse weise auswertete. Disneys Musikdirektor »war ein Wunder musikalischen Expertentums, dessen feines Gehör selbst den geringsten Fehler bei der Musikaufnahme wahrnahm«. Walt Disneys Aufgabe war das Erkennen hervorragender Leistungen. Hollister stellt fest, daß Walt Disney »keine musikalische Bildung und dennoch ein hervorragendes musikalisches Verständnis hatte«.

Walt Disney offenbarte eine charakteristische Stärke aller Leiter von genialen Teams – er verzettelte sich nicht mit Details, hielt sich nicht mit Kleinkram auf. Er trat erst dann in Erscheinung, wenn seine Experten die meisten ihrer Probleme schon selbst gelöst hatten. Die dahinterstehende Weisheit liegt auf der Hand: Nicht nur der Führungskraft ist damit die Freiheit gegeben, Dinge zu tun, die sie am besten kann – Inspirieren, Kommunizieren und Auswählen –, auch den Mitarbeitern wird dadurch das Gefühl von Autonomie und künstlerischer Freiheit vermittelt, die die meisten begabten Menschen brauchen, um sich entfalten zu können. Ein Slogan von Walt Disney war: »Kommt nicht zu mir, wenn ihr Antworten sucht. Das einzige, wofür ich zur Verfügung stehe, ist die Anerkennung eurer Leistungen.«

Fast alle, die an der Entstehung der ersten großen Zeichentrickfilme bei Disney mitwirkten, bezeichnen dies als eine einzigartige und lohnende Erfahrung. Walt Disney meinte dazu: »Im Lexikon findet sich unter dem Stichwort ›Abenteuer‹ der Geist des Schneewittchen-Unternehmens: Risiko, Gefahr, Inangriffnahme eines gewagten Unternehmens, waghalsige Bravourstücke, ein kühnes Unterfangen, dessen Gelingen von unvorhergesehenen Ereignissen abhängt.« Wie so viele geniale Teams wurde auch die Disney-Truppe von der ungestümen Vorstellung getrieben, die Zukunft zu erfinden; die Atmosphäre in Burbank knisterte vor Spannung.

Immer wieder hört man von Augenzeugen, es sei Walt Disney persönlich gewesen, der das Wunder ermöglichte. »Er hatte ein Talent dafür, aus Leuten etwas herauszuholen, was sie eigentlich gar nicht hatten«, erinnert sich ein Zeichner in Leonard Maltins Geschichte des amerikanischen Trickfilms. Jules Engel, der jetzige Chef des experimentellen Zeichentrickfilms bei CalArts, hatte damals an *Fantasia* und *Bambi* mitgearbeitet. Er schätzt Walt Disney als echten Künstler ein, der andere Menschen brauchte, um seinen Konzepten Ausdruck zu verleihen. Er benutzte seine Mitarbeiter wie andere Künstler Farbe oder Marmor, er verzichtete niemals auf seine Rolle als kreativer Wegweiser. Streng kontrollierte er jedes Stadium des künstlerischen Prozesses. »Nichts bewegte sich«, erinnert sich Engel, »bis er grünes Licht für den nächsten Schritt gab.«

Walt Disney habe absolutes Vertrauen zu seinem Instinkt gehabt, schreibt Engel weiter. »Man konnte ihm nie irgend etwas andrehen. Er kam in den Raum, und entweder gefiel ihm, was er sah, oder nicht. Gefiel es ihm nicht, dann mußte man eben wieder von vorn anfangen.« Er hatte die Begabung, die Arbeit seiner Leute zu verbessern, behaupten seine

Studioveteranen. Sogar die talentiertesten Mitglieder akzep-
tierten in der Regel seine Vorschläge, nicht weil er der Chef
war, sondern, wie Engel hervorhebt, »weil er jedesmal,
wenn er einen Vorschlag machte, recht hatte«.

Ein wichtiger Aspekt von Walt Disneys Führungsqualität
war seine Fähigkeit, die Begeisterung der Angestellten auf
einem hohen Niveau zu halten. In Katherine und Richard
Greenes Disney-Biographie erinnert sich ein Zeichner: »Walt
Disney hatte nur eine Regel: Was immer wir machten, wir
mußten besser sein als irgendein anderer.« In Maltins Buch
schildert der Trickfilmzeichner Shamus Culhane, wie wun-
dervoll eine Stellung war, »in der man den ganzen Tag arbeitete, am Ende des Tages das Werk besah und es ohne Bedenken in den Papierkorb warf. Niemand fragte einen, warum.
Sie hätten sich eher gewundert, hätte man es *nicht* getan.«

Was die Arbeitsbedingungen im Studio betraf, so machte
Culhane eine Beobachtung, die sich auch auf andere geniale
Teams übertragen läßt: »Es war ein sehr rauher Arbeitsplatz, jedoch mit allen erdenklichen Vorzügen. Der Druck
des Abgabetermins mochte furchtbar sein, Walt mochte
dich vor deinen Kollegen anschnauzen, aber andererseits
stand jedes nur erdenkliche Handwerkszeug, egal wie teuer,
zur Verfügung, damit ein jeder seine Arbeit optimal verrich-
ten konnte. So hatte zum Beispiel jeder Trickfilmzeichner an
seinem Platz eine Moviola – einen Tischfilmbetrachter –,
um den jeweiligen Film anzusehen und zu bearbeiten.«

Nur wenige Trickfilmzeichner verließen Disney aus eigenem Entschluß, denn Disney hatte nicht nur ein gewisses
Prestige, er war auch der einzige, der überhaupt abendfüllende Zeichentrickfilme herstellte. Viele aber blieben einfach wegen ihres Respekts und ihrer Bewunderung für Walt
Disney selbst. In Mosleys Biographie entsinnt sich die Ehe-

frau eines begabten Mitarbeiters: »Offensichtlich hatte Walt großen Einfluß auf ihn – so wie auf sämtliche der ungemein begabten Menschen im engeren Kreis des Studios. Der brillante Künstler Peter Ellenshaw, ein enger Freund meines Mannes, befand sich in einer ähnlichen Lage. Ich bin sicher, sie hätten Walt Disney auch nicht für ein Angebot von sechs Millionen Dollar verlassen, um irgendwo anders anzufangen – keiner der beiden hätte es getan. Walt Disney hatte Charisma. Er besaß außerordentlich talentierte Mitarbeiter, die ihm ihr gesamtes Leben widmeten.«

1985, in der Zeit des Fiaskos mit *Taran und der Zauberkessel*, schien Disney Feature Animation seinen Weg verloren zu haben. Walt Disney war bereits seit fast zwanzig Jahren tot und hatte sich ohnehin in den letzten zehn Jahren seines Lebens mehr mit Projekten wie Disneyland beschäftigt. Viele der anerkanntesten Trickfilmer im Studio, wie die legendären »Nine Old Men«, hatten inzwischen das Studio verlassen, und der Nachwuchs sah sich zu einer Neuorientierung genötigt – etwa in Richtung von Lucas' *Star Wars*. Ein talentierter junger Zeichner, der CalArts-Abgänger John Lasseter, kam 1979 zu Disney, wechselte jedoch 1983 zur Computer-Grafik-Abteilung von Lucasfilm. Disney versuchte zwar wiederholt Lasseter mit der Aussicht auf eine eigene Filmregie zurückzugewinnen (ein Angebot, dem wenige in der Filmindustrie sich entziehen können), doch Lasseter lehnte ab, weil die Firma Disney, die er verlassen hatte, kein geniales Team mehr war, das die Welt veränderte: »Ich kann zu Disney gehen und Regisseur werden, aber ich kann auch hierbleiben und Geschichte machen.«

Als dann das neue Eisner-Team sich entschloß, die Zeichentrickfilmabteilung von Disney zu retten, traf es einige wagemutige Entscheidungen. So wurde beschlossen, jedes

Jahr einen abendfüllenden Film zu produzieren, was Walt Disney sich immer erträumt hatte, aber nie verwirklichen konnte. Statt jeden Zeichner an einem Film arbeiten zu lassen, splittete man die Gruppe in Projektteams, um mehrere Filme gleichzeitig in Angriff nehmen zu können. Diese Entscheidung war auch in anderer Hinsicht gewitzt: Disney stand nie in scharfem Wettbewerb – wie also läßt sich die Überzeugung vermitteln, der »winning underdog« zu sein, wie er so bezeichnend für geniale Teams ist? Eigentlich kämpft die heutige Disney-Belegschaft gegen die Giganten der Vergangenheit, die Menschen, die *Bambi* und andere Klassiker schufen. Durch die Aufteilung der Abteilungen in Teams wurde augenblicklich zusätzlicher Wettbewerb geschaffen.

Um den Trickfilm wieder auf Kurs zu bringen, wandte sich die neue Leitung der Vergangenheit zu, nur um zu entdecken, daß der größte Trumpf des Unternehmens nach wie vor Walt Disney selbst ist. Der Namensgeber des Studios wird oft beschworen, wenn die gegenwärtige Führung ihre Leute motivieren will. Disneys Name wirkt wie eine Art Signal im Studio, indem die Meilensteine der Unternehmensgeschichte und vor allem sein beispielhaftes Beharren auf Vortrefflichkeit heraufbeschworen werden. Es scheint, als hätten Walt Disneys Nachfolger ihn verinnerlicht. Schneider, um ein Beispiel zu nennen, erklärt den Neulingen gern, was er für das Erbe Disneys hält: »Erzählt eine großartige Geschichte, in der großartige Charaktere vorkommen, und durchbrecht dabei immer die technischen Barrieren.«

Die hochbegabten Menschen eines genialen Teams lassen sich nicht leicht leiten. Oft besteht die Rolle des Vorgesetzten lediglich darin, ihre Aufmerksamkeit in die richtige Richtung zu lenken. Die Aufgabe des Disney-Managements heute, so Schneider, liegt im Bereitstellen, im Erleichtern und im Eröffnen von Möglichkeiten für die Mitarbeiter. »Im besten Fall bin ich ein Herausgeber«, sagt er. »Ich bin ein Aktivator, ein Resonanzboden.« Eine seiner wichtigsten Aufgaben sei es, seinen Leuten zu sagen: »So geht es nicht!« Die größte administrative Herausforderung bestehe darin, »die Zuteilung zu regeln«, das heißt, den richtigen Leuten die richtige Aufgabe zuzuweisen. Wie Walt Disney vor ihm kümmert sich Schneider nicht persönlich um die vielen kleinen Einzelschritte. Statt dessen sagt er: »Ich versuche, diese Menschen dazu zu bringen, das zu tun, was sie für das Beste halten.«

Die sechzigjährige Filmproduktionsmaschine arbeitet heute besser denn je. Viele entscheidende Punkte funktionieren allerdings genau wie damals. Immer noch von entscheidender Wichtigkeit ist der Erhalt von Disneys Anziehungskraft auf begabte Trickfilmer. Disney schuf den Trickfilmkünstler und ermöglichte damit dem Studio, ein Talentreservoir anzuzapfen, das von Menschen lebt, die ihr ganzes Leben davon geträumt haben, für Disney zu arbeiten.

Andreas Deja, einer von Disneys neuen Meister-Trickfilmzeichnern, ist so jemand. Er ist der Erfinder des verschlagenen Jafar in *Aladdin* und von Scar in *Der König der Löwen*. Auch der Held in Disneys Sommerfilm von 1997 – *Hercules* – ist sein Werk. Als Kind sah er *The Wonderful World of Disney* in Westdeutschland, wohin er mit seinen Eltern aus Danzig geflohen war. »Ich sah Kurzfilmbeiträge von *Pinocchio* oder *Bambi*«, erinnert er sich in Bob Thomas' Buch, »und obwohl ich noch sehr jung war, spürte ich diese Faszination; mein Herz pochte wie wild.«

Deja sah seinen ersten Disney-Zeichentrickfilm – *Das Dschungelbuch* – 1960 und wußte, was er werden wollte.

Im Alter von zehn Jahren entdeckte er sein Lebensziel. »Für mich war es wie eine Berufung, so wie ein Priester weiß, daß er ein Priester sein wird«, sagte er in einem kürzlich erschienenen Interview in der *New York Times*. »Man ist wie hypnotisiert. Man fragt sich, wie ist es möglich, daß diese Zeichnungen denken und sich bewegen können. Ich konnte es nicht glauben.« Daraufhin schrieb Deja als Zwölfjähriger einen Brief an die »Walt-Disney-Studios, Amerika«, in dem er wissen wollte, wie er Disney-Zeichner werden könnte (er mußte die Worte in einem Wörterbuch nachschlagen). Er erhielt ein Standardschreiben, worin man ihm riet, seine persönliche Geschicklichkeit im Zeichnen auszubilden und nicht nur Mickymaus und die übrigen Disney-Figuren zu kopieren.

Deja verbrachte Jahre damit, sich mit den Grundlagen des Disney-Stils vertraut zu machen, bevor er im Studio zu arbeiten begann. Wenn, wie Schneider behauptet, »die Zuteilung der vorhandenen Mittel«, sprich der fähigen Leute, eine ausgesprochen wichtige Angelegenheit ist, dann ist es im Falle Andreas Dejas recht aufschlußreich, auf welche Weise das Studio ihn einsetzte.

Als Anfänger – wenn auch mit dem Zeug zum Star – wurde Deja mit einem anderen Neuling zusammengesteckt, mit Tim Burton, frisch von CalArts. Burton und Deja bekamen den Auftrag, Figuren für *Taran und der Zauberkessel* zu entwickeln und zu gestalten. Deja erinnert sich: »Tims Entwürfe waren so ungewohnt, bizarr, meine dagegen solide Disneykunst. Das hatte man sich in der Chefriege anscheinend gedacht. ›Hey, wenn man das kombiniert, kommt vielleicht etwas Einmaliges dabei raus.‹ Aber das hat wohl nicht so ganz geklappt. Tims Sachen ließen sich im Grunde nicht ummodeln. So, wie sie waren, waren sie einfach großartig.«

Burton machte weiter Kurzfilme für das Studio, bis er Disney verließ, um seine Karriere als Regisseur nichtanimierter Filme fortzusetzen. In der Zwischenzeit wurde Deja zum gefragtesten Trickzeichner, dem seine Arbeit Vergnügen bereitet und der das Zeichenbrett seines Mentors, des legendären Disney-Trickfilmzeichners Milton Kahl, in seinem privaten Studio aufbewahrt. In dem *New-York-Times*-Porträt berichtet Deja, daß er manchmal bei Schwierigkeiten mit einer Figur über Nacht eine Skizze auf des Meisters Zeichenbrett hinterläßt. »Für den Fall, daß Kahls Geist sich bemüßigt sieht, das Problem zu lösen.«

Vielleicht liegt die Antwort, warum Burton seinen eigenen Weg ging und Deja – obwohl ebenso talentiert – sich nicht von einem Studio trennen konnte, dessen Gründer immer berühmter sein wird als er selbst, in den Charakteren der beiden begründet. Solche Unterschiede sind bei der Bildung eines genialen Teams unbedingt zu berücksichtigen. Nicht jede talentierte Person ist in einer Gruppe gut aufgehoben, und einige brauchen die ständige Würdigung ihrer Leistung zu ihrer Motivation. Andere Talente wiederum sind schlicht Störenfriede. Schneider bezeichnet sie als »Leute, die im Sandkasten nicht mit den anderen spielen wollen«.

Wenn Menschen von Dejas Format sich in gemeinsamer Mission zusammenfinden, haben wir ein geniales Team! Mit Deja oder auch mit Glen Keane, der die Bestie in *Die Schöne und das Biest* kreierte, kann man sich darauf verlassen, daß der erteilte Auftrag hervorragend ausgeführt wird. Wie Schneider betont: »Die Künstler werden nichts abliefern, bis sie nicht im Innersten überzeugt sind, daß es besser nicht zu machen ist.« Die Tatsache, daß sie eine Vision teilen, heißt aber keineswegs, daß die Disney-Künstler ihren

Beitrag nicht eigenständig gestalten. Schließlich stellt Disney seine Leute nicht allein wegen ihres zeichnerischen Könnens ein, sondern nicht zuletzt, weil sie ihren Figuren Persönlichkeit einzuhauchen verstehen.

Disneys Trickfilmzeichner sind vor allem Schauspieler. Sie kennen die Zusammenhänge von äußerer Erscheinung und dem sich darin widerspiegelnden gefühlsmäßigen Zustand. Beim Entwurf von Jafar, des bösen Zauberers in *Aladdin*, entdeckte Deja, wie er den Bösewicht durch eine verhaltene Art, sich zu bewegen, noch bedrohlicher gestalten konnte. Ursprünglich als flatterhafter Käpt'n-Hook-Typ angelegt, der vor Wut ständig in die Luft geht, verwandelte sich Jafar in eine über allem stehende unterkühlte Erscheinung. »Sämtliche Charaktere in *Aladdin* sind derart quirlig, daß ich dachte, laß diesen Typ im Kontrast dazu doch alles auf eine distanzierte, desinteressierte Art betrachten, das würde wie eine dunkle Wolke wirken, die sich über all der Quicklebendigkeit zusammenzieht.« Eine andere Quelle bot sich Deja in Gestalt eines ehemaligen Managers von Disney. »Seine Art zu lügen hatte etwas Elegantes, ich übertrug die ölige Glätte auf Jafar. Man muß auch etwas von sich selbst einbringen können, sonst ist der Job einfach nur eine mechanische Tätigkeit.«

Sache des Vorgesetzten ist es, aus den vorgelegten Entwürfen die besten herauszusuchen. So strich Walt Disney beispielsweise Deanna Durbin als Stimme von Schneewittchen, weil sie zu geschliffen und erwachsen klang, und wählte statt dessen die süßliche dünne Stimme der unbekannten Adriana Caselotti (dazu ließ er sich Hunderte von Stimmproben einspielen, um sich nicht durch das Äußere der Schauspielerinnen beeinflussen zu lassen). Dem Leiter einer Gruppe wird zugebilligt, »Nein« zu sagen oder »Machen Sie das anders», weil es – sagt Schneider – »so etwas wie einen kollektiven Konsens gibt, daß er dazu das Recht hat«.

Deshalb war der damalige Leiter Katzenberg in der Lage, eine entscheidende Wende in der Konzeption von *Aladdin* herbeizuführen. Der Zeichner Glen Keane hatte Aladin ursprünglich als einen jungenhaften Michael-J.-Fox-Typ angelegt. Katzenberg gab zu bedenken, daß die junge Frau und gescheite Prinzessin Jasmine einen älteren und attraktiveren Partner brauche. Er schlug deshalb Keane vor, Tom Cruise als Vorbild für Aladin zu nehmen. Keane zeichnete einen älteren Aladin mit dunklen, ausdrucksvollen Augen, mehr Sex-Appeal und Tom Cruises Draufgängercharme.

Obwohl das Rampenlicht noch immer auf die oberen Ränge der Disney Company fällt, sind deren neue Klassiker seit *Ariel, die Meerjungfrau* so gemeinschaftlich wie immer produziert worden. Der auffällige Orientalenlook Aladins wurde gleichermaßen angeregt von den Cartoons Al Hirschfelds, von arabischer Kalligraphie, persischer Miniaturmalerei, Alexander Kordas Film *Der Dieb von Baghdad* von 1940 und Fotografien aus dem Iran von Rasoul Azadani, dem Layout Supervisor des Films. Wie schon in *Ariel, die Meerjungfrau* und in *Die Schöne und das Biest* steigerte die Musik von Howard Ashman und Alan Menken noch die Wirkung der Filme. Ein weiteres wichtiges Mitglied der *Aladdin*-Gruppe war der Komiker Robin Williams, der viele der verrückten Dialoge des Dschinns aus dem Stegreif sprach.

Wie immer in Disney-Filmen ermöglichte eine neue Technologie auch diesem einen besonderen Zauber. Einer der bemerkenswertesten Charaktere in *Aladdin* ist der magische Teppich, ein persischer Bettvorleger voller Persönlichkeit,

Disneys erste vollständig computeranimierte Figur! Ohne Computer wäre es viel zu teuer gewesen, den Teppich auf konventionelle Art und Weise zu animieren, wegen der Kompliziertheit des Webmusters. Der Computer setzte den Teppich in Bewegung, aber der wichtigste Punkt, nämlich dem Zuschauer »die Möglichkeit des Unmöglichen« plausibel zu machen, mußte auf die altmodische Art bewältigt werden, indem man Vorstellungskraft und Können eines Trickzeichners ausschöpfte.

Randy Cartwright beschreibt das Problem in Culhanes Buch. »Der Teppich hat kein Gesicht, er hat keine Stimme, keinen Körper. Es ist, als würde er durch Origami in Bewegung gesetzt.« Cartwright ließ die jahrzehntelange Erfahrung der Studios einfließen, wie Farbe, Bewegung und andere Elemente kombiniert werden müssen, um die Illusion zu vermitteln, tote Gegenstände seien lebendig geworden. Cartwrights genialer Einfall waren die Fransen, die manchmal seitlich wie Hände und Füße am Teppich herunterhingen; auf diese Weise ließ sich andeuten, wo sich ein Kopf befinden mußte, in den sich Ausdruck und Gefühlsregungen hineindenken ließen. Zusätzliches Leben bekam der Teppich durch sein Zusammenspiel mit den anderen Protagonisten, wenn er zum Beispiel auf die Bitte des Dschinns »Gib mir ein paar Fransen!« mit einem freundschaftlichen Klaps reagierte.

Angesichts Disneys Begeisterung für neue Technologien erscheint die vollcomputerisierte *Toy Story* als eine unvermeidliche Konsequenz. Tatsächlich bedeutete sie einen echten Umbruch für das Studio. Nach ein paar unglücklichen Experimenten mit studiofremden Vertragstrickfilmern hatte Disney immer auf absoluter Kontrolle über seine Zeichentrickfilme bestanden. Dennoch gab es – größtenteils wegen des Vertrauens in den Trickfilmzeichner John Lasseter – eine Allianz mit dem Studio Pixar, das aus dem Lucasfilm-Animation-Sektor hervorgegangen war. Aus vielen Erzählungen geht hervor, daß das von Lasseter geführte Team, welches *Toy Story* schuf, viele der klassischen Eigenschaften eines genialen Teams besaß. Unter anderem die aufgekratzte spätpubertäre Atmosphäre (zum Beispiel besaß der Regisseur Lasseter statt eines Regisseurstuhls einen Rollstuhl mit einer Hupe).

Jahrelang war Disney dafür berüchtigt, seine Mitarbeiter notorisch unterzubezahlen. Dies, kombiniert mit der Anonymität – egal wie groß das Genie –, wäre im Normalfall eine Formel für ein Fiasko. Dennoch gelang es Disney gewöhnlich, die meisten seiner Top-Trickfilmzeichner und andere Schlüsselpersönlichkeiten seines Unternehmens an sich zu binden. Die große Treue der Mitarbeiter zu Disney stand jahrelang auch mit dem Mangel an Alternativen in Zusammenhang. Bis vor kurzem gab es einfach kein »other game in town«. Disney hält, wie Schneider betont, ein Monopol (eine Drei-Jahres-Produktionsdauer ist sehr lang und entsprechend teuer!). 1944 schließlich wurde die Disney-Hegemonie doch noch durch die Gründung der Dream Works SKG – von Steven Spielberg, David Geffen und dem ehemaligen Disney-Manager Katzenberg ins Leben gerufen – bedroht. Im Augenblick gibt es so etwas wie eine Animations-Renaissance, und verschiedene große Filmstudios richten Feature-Animations-Abteilungen ein.

Bei Disney verdoppelten sich die Gehälter fast über Nacht, nachdem die ersten Abtrünnigen zu Dream Works übergewechselt waren. Aber noch bevor Katzenberg begann, Top-Trickfilmzeichner wegzulocken, sann man auf Wege, die wichtigsten Künstler, meist in der Midlife Crisis und mit einer für diesen Lebensabschnitt typischen Sinnsuche befaßt, an sich zu binden. Schneider glaubt, daß Gruppen am besten zusammenarbeiten, wenn die persönlichen Ziele mit denen des Unternehmens übereinstimmen. Star-Trickfilmzeichner Glen Keane – mittlerweile in den Vierzigern – interessierte sich schon seit langem für »Non-Disney-Projekte«. In seinem Bemühen, Keane zu behalten, erhöhte das Studio zunächst drastisch sein Gehalt. Aber Disney lockte auch mit subtileren Anreizen: In Würdigung seines einzigartigen Beitrags stellte es Keane anläßlich des jährlichen Aktionärstreffens heraus und ermöglichte ihm eine sehr rare bezahlte Kreativpause.

Entgegen den Titelgeschichten im *Wall Street Journal* über die Entwicklung im Zeichentrickbereich arbeiten die meisten im Animationssektor noch immer für Disney, und zwar nach wie vor anonym. *The Lion King* war einer der erfolgreichsten Filme aller Zeiten. Wissen Sie, wer dabei Regie führte? Wissen Sie, wer *Pocahontas* gezeichnet hat? (Die Antworten finden Sie am Ende dieses Kapitels.) Warum also entscheiden sich außergewöhnlich talentierte Menschen, Teil einer Gruppe zu bleiben, die ihnen übermenschliche Leistungen abverlangt, jedoch alles tut, ihre Namen aus Öffentlichkeit und Medien herauszuhalten? Sicherlich nicht allein wegen des Geldes, obwohl es Bonusse und Profitbeteiligungen gibt.

Diese Menschen arbeiten für Disney, weil sie das Gefühl haben, Teil von etwas ungemein Wichtigem zu sein, an etwas Großem teilzunehmen. Sie arbeiten für Disney, weil sie – genau wie die Menschen, die den Personal-Computer erfanden, oder jene, die für die Präsidentschaft Bill Clintons arbeiteten – glauben, eine Mission zu erfüllen. 1940 fragte Hollister einen von Disneys Mitarbeitern, warum er für dessen Studio arbeitete. »Wissen Sie«, stammelte der Trickfilmzeichner, »die Sache ist die, man hat einfach das Gefühl, hier den verdammten heiligen Gral zu finden.«

(Roger Allers und Rob Minkoff führten bei *Der König der Löwen* Regie. Der Chef-Trickfilmzeichner von *Pocahontas* war Glen Keane.)

Ein Computer mit rebellischer Seele

Können Sie sich die zweite Hälfte des zwanzigsten Jahrhunderts ohne den Personal-Computer vorstellen? Weniger als 30 Jahre nach seiner Entwicklung hat er unsere Art zu denken, zu arbeiten und zu kommunizieren vielfach verändert. Vielleicht erinnern Sie sich noch an die frühen Computer, die so gar nichts mit den beigen Kästen und den flimmernden Bildschirmen gemein hatten, von denen 30 Millionen Exemplare allein in den USA auf den Schreibtischen zu finden sind. Die ersten Computer waren Kolosse, die ganze Räume ausfüllten. Sie waren so teuer, daß lediglich große Institutionen sich eine solche Anschaffung leisten konnten, und so elitär, daß sie nur auf Kommandos reagierten, die allenfalls Spezialisten beherrschten. In einer kleinen Anweisung auf jeder Lochkarte, von denen diese Ungetüme Millionen konsumierten, offenbarte sich die akute Gefahr der Entpersonalisierung: nicht falten, rollen oder beschädigen!

Mitte der achtziger Jahre hatte der Computer sich bereits grundlegend verändert. Er hatte sich in ein kraftvolles, aber keineswegs einschüchterndes kleines Gerät zum Speichern,

Koordinieren und Übermitteln von Informationen verwandelt. Er war kompakt genug, um auch auf einem Schreibtisch Platz zu finden oder in eine Aktentasche zu schlüpfen. Er war gutmütig, beinahe verspielt und zudem noch preiswert, leicht zu handhaben – regelrecht benutzerfreundlich. Heute wenden wir uns reflexartig an unseren Personal-Computer, um das Scheckbuch auszugleichen, einen Text zu verfassen, gegen digitale Bösewichte zu kämpfen, den Ablauf von Fernsehshows zu beeinflussen oder mit Menschen zu plaudern, die unsere ausgefallensten Hobbys teilen. Wir können praktisch alles Erdenkliche recherchieren, neue Karriereschritte planen, mitten in der Nacht Nachrichten an Freunde schicken oder einfach nur herumspielen. Es überrascht nicht, daß dieses bemerkenswerte Werkzeug – von seinen Erfindern »das Produkt mit der rebellischen Seele« genannt – das Erzeugnis verschiedener genialer Teams ist.

Die Geschichte beginnt, wie so oft bei Ereignissen, die die Welt verändern, mit einer persönlichen Vision. Vannevar Bush, Koordinator der von den Vereinigten Staaten finanzierten naturwissenschaftlichen Forschung während des zweiten Weltkriegs, veröffentlichte 1945 in der Zeitschrift *Atlantic Monthly* einen Artikel mit dem Titel *As We May Think*. Er beschrieb eine neue Technologie für das Management von Informationen, die er »Memex« nannte. »In diesem neuartigen Gerät«, so führte er aus, »kann ein Mensch seine Bücher, Schallplatten und sonstiges Kommunikationsmaterial aufbewahren. Es ist so konstruiert, daß es mit außerordentlicher Geschwindigkeit und Flexibilität benutzt werden kann – sozusagen eine vergrößerte, maßgeschneiderte Ergänzung seines Gedächtnisses.« Der Benutzer von Memex – so Bush – könne sogenannte »personalisierte Informations-Pfade« generieren, indem er Tastatur und Bild-

schirm benutze, um die aufbewahrten Daten in vielfältiger
Form abzurufen und zu manipulieren. Der Benutzer selbst
sitze an diesem tischähnlichen Memex und reise durch die
Welt der Information. Fast hellseherisch schrieb Bush vor
fünfzig Jahren: »Der Arzt, den das Befinden eines Patienten
irritiert, hat Zugriff auf die Dokumentation eines vorausgegangenen Falls und durchforscht mit großer Geschwindigkeit analoge Fallbeispiele mit Nebenhinweisen auf die ein-
schlägigen Klassiker der Anatomie und Histologie.«

Ein auf den Philippinen stationierter Radartechniker der
Marine namens Douglas C. Engelbart las Bushs visionären
Artikel. Beflügelt vom Begriff der Interaktivität, dem Herzstück dieser Vision, wurde Engelbart zum ersten Vorkämpfer
des Computers als interaktiver Maschine – nicht bloß ein
überlegener Zahlenknacker, sondern ein Werkzeug zur Er-
weiterung des menschlichen Verstandes. Ermutigt durch die
Möglichkeiten des Computer-Timesharings richtete Engelbart das Augmentation Research Center am Stanford Research Institute (SRI) ein, um 1964 mit NASA-Fördergeldern
die Verwirklichung von Bushs Vision in Angriff zu nehmen.
Bereits 1968 gelangen Engelbart zwei erstaunlich originelle
Durchbrüche in der noch embryonalen Technik zukünftiger
PCs – die »Maus« und »Windows«.

Engelbart führte seine Entdeckung im Herbst 1968 beim
nationalen Treffen der Computerwissenschaftler vor. In einem Artikel für die *New York Times* über die mittlerweile
hochentwickelte Kunst der Computerdemonstration beschreibt John Markoff diese historische Situation: »Vor einigen Tausend Kollegen saß Engelbart an einer tischähnlichen Workstation und beendete ein für allemal das Zeitalter
des Lochkartencomputers.«

»Die Leute waren baff«, erinnert ein SRI-Kollege Engelbarts: »Innerhalb einer Stunde definierte er das Zeitalter moderner Computertechnologie.«

Obgleich es Engelbart gelang, seine Kollegen zu verblüffen, war er doch nicht in der Lage, seine bahnbrechenden Einsichten und Erfindungen in einen gebrauchsfähigen Personal-Computer umzusetzen. SRI erkannte offensichtlich nicht die Bedeutung von Engelbarts Arbeit. Einige begabte Kollegen fanden Engelbart schwierig und verließen das Forschungslabor, schlimmer noch – er verlor seine staatlichen Gelder. Aus welchen Gründen auch immer – Engelbarts Augmentation Research Center war nicht der Ort, wo sich das geniale Team etablierte, das schließlich den ersten Personal-Computer schuf. Diese Ehre gebührt dem Palo Alto Research Center, genannt PARC, einer Forschungs- und Entwicklungsabteilung der Xerox Corporation.

PARC, gegründet im Jahre 1970, gelang es in kurzer Zeit, einen ersten benutzerfreundlichen Computer, »Alto«, zu entwickeln. Nachdem sich hier nach und nach die brillantesten Köpfe zusammengefunden hatten, knisterte der Ort vor neuen Ideen. Feinfühlige Führung ermöglichte den versammelten Talenten, zu einem genialen Team zu verschmelzen. Trotzdem wurde PARC zum Bilderbuchbeispiel dafür, wie Innovation von der kommerziellen Verwertung abgekoppelt werden kann – ein Thema, das sehr fundiert von Douglas K. Smith und Robert C. Alexander in deren Dokumentation *Fumbling the Future: How Xerox Invented, then Ignored, the First Personal Computer* (1988) behandelt wird.

Aber lassen Sie uns zunächst ins Jahr 1970 zurückgehen. Alan Kay, der erste Computermagier, den man für PARC anwarb, war mit seinen 30 Jahren zugleich der älteste. Bereits als Vierzehnjähriger hatte Kay von Bushs Memex-Maschine gehört – in einer Science-Fiction-Erzählung Robert

Heinleins. Seitdem verließ ihn die Faszination für dieses Gerät nicht mehr und begleitete ihn bei seiner ungewöhnlich originellen Auseinandersetzung mit Biologie, Mathematik, Musik und anderen Disziplinen.

In einem Interview für das *Wired* Magazin stellte der Apple-Mitbegründer Steve Jobs eine scharfsinnige Betrachtung über Kreativität an: »Kreativität ist nichts anderes, als Dinge miteinander zu verbinden. Fragt man kreative Menschen, wie sie etwas geschaffen haben, dann löst das oft so etwas wie Schuldgefühle bei ihnen aus, denn sie haben nicht wirklich etwas *getan*, sondern lediglich etwas *gesehen*; ihre Beobachtung erscheint ihnen zwingend und offensichtlich. Sie sind in der Lage, ihre Erfahrungen miteinander in Beziehung zu setzen und daraus eine Synthese für Neues herzustellen. Dazu sind sie fähig, weil sie entweder mehr Erfahrung haben oder aber mehr über ihre Erfahrungen reflektieren als andere Menschen.« Alan Kay, lesehungrig und von früh an mit Kunst, Musik und Naturwissenschaft in Berührung, konnte aus einem immensen Wissens- und Erfahrungsschatz schöpfen. In seiner Dissertation hatte er bereits einen interaktiven Computer beschrieben, der billig war, leicht zu handhaben und als Hilfsmittel bei der Visualisierung und Realisierung von provokativen Ideen fungierte. FLEX – so hieß sowohl die Maschine als auch deren Programmiersprache – war zu dieser Zeit natürlich technisch noch nicht realisierbar, aber es war ein wichtiger Schritt in die Richtung der potentiellen Möglichkeiten eines Personal-Computers.

Alan Kay schreibt einen Großteil des Erfolges von PARC dem jungen Bob Taylor zu, der die einflußreichste der drei Hauptabteilungen – das Informatiklabor – leitete.

Taylor trieb die Sache der Interaktivität in den späten

sechziger Jahren voran – als Chef-Administrator der Zu-
schüsse für Computer-Projekte der Advanced Research Pro-
ject Administration (ARPA). (Es war auch Taylor gewesen,
der während seiner Tätigkeit bei der NASA Engelbarts Entwicklung der »Maus« bezuschußt hatte.)

Bei PARC bestand Taylors erste und wichtigste Aufgabe
im Anwerben talentierter Mitarbeiter. Taylor wollte PARC
mit Menschen ungewöhnlicher Intelligenz und Kreativität
besetzen, um herauszufinden, wie weit sie die Grenzen der
Informationstechnologie auszudehnen vermochten. Dazu
bedurfte es zunächst der Bildung eines weitläufigen Netz-
werks. Glücklicherweise hatte Taylor bereits bei ARPA die
Bekanntschaft sämtlicher führender Computerwissenschaftler des Landes gemacht. Wie Walt Disney, so wollte auch er
nicht einfach nur Leute, die gut waren – er setzte alles daran,
die Besten zu bekommen. Taylor war der Ansicht gewesen,
man könne »nicht genug gute Menschen zusammenbringen,
um etwas Großartiges zu bewirken«. Er war auch ein Mann,
der Talent liebte und es zu erkennen glaubte, sobald er damit
konfrontiert wurde. Er hatte gelernt, einem gewissen Leuchten in den Augen einer Person zu vertrauen.

Taylor sah die größte Chance für das Gelingen eines genialen Teams in der Rekrutierung von möglichst teamfähi-
gen Leuten. Er war sogar bereit, gelegentlich ein aufmüpfi-
ges Genie zu opfern, wenn es dem Team als Ganzem zugute
kam – immerhin ging es darum, sich gegenseitig zu befruch-
ten. Er war der Ansicht, systemorientierte Forschung, wie
PARC sie anstrebte, erfordere in besonderem Maße Zusammenarbeit und soziale Fähigkeiten.

Bei PARC half der Selektionsprozeß, das Team zu bilden.
Die Kandidaten wurden interviewt, mußten sich den versammelten Mitarbeitern präsentieren und sich deren mitun-

ter scharfen Fragen und Kommentaren stellen. Eine zermür-
bende Erfahrung, die einer Feuerprobe gleichkam, aber
gleichzeitig eine altbewährte Methode, ein Gruppengefühl
herzustellen. Den Kandidaten, die die Prozedur überstan-
den, war die Unterstützung der anderen sicher. »Bei PARC
mußte jeder die neue Person wollen«, berichtet Kay. Die
Mitglieder der Gruppe wünschten sich in der Regel einen
Neuen, »der ihnen mehr Spaß bei der Arbeit garantierte«.
Akzeptiert zu werden, war eine große Ehre, die Bestätigung,
zu den Besten und Klügsten zu gehören – und jeder war sich
dessen bewußt. »Wirklich eine beängstigende Gruppe von
Menschen«, äußerte sich Kay 1972 über sein Team. »Soviel
geballtes Talent habe ich bislang noch nirgends erlebt. Die
Jungs hier können Spitzenzeugnisse vorweisen und sind es
gewohnt, Blitze mit beiden Händen zu bändigen.«
    Der Rekrutierungsprozeß war aus verschiedenen Grün-
den anspruchsvoll. Taylor hing der ARPA-Auswahlmethode
an, die bei der Vergabe von Zuschüssen stets die Menschen
über die Projekte stellte. So meinte er, gute naturwissen-
schaftliche Arbeit müsse im »bottom up«-Stil getan werden:
Man heuerte die besten Leute an, um sie – relativ frei – auf
diejenigen Projekte anzusetzen, die am ehesten ihren Interessen und ihrem jeweils einzigartigen Talent entsprachen.
Diese Leute würden einem dann schon sagen, was zu tun
sei. Je leichter sich die Individuen austauschen konnten, um
so weniger lenke man sie von ihrer Mission ab. Zusammenarbeit wurde formal gefördert. »Es kam vor, daß jemand 40
Prozent seiner Zeit als Handlanger für das Projekt eines
anderen tätig war«, erinnert sich Kay.
    Das geistige Potential PARCs war wirklich außerordent-
lich. Unter den in diesem Buch beschriebenen Teams kann
lediglich das Manhattan-Projekt eine vergleichbare Konzen-

tration von Genialität vorweisen. Aber jedes Projekt, das Hervorragendes vorhat, erfordert peinlich genaue Rekrutierung. Tracy Kidder erzählt in seinem Buch von solchen schwierigen Zusammenstellungen kreativer Teams. Nicht immer kann aus einem bekannten Talentpool geschöpft werden, manchmal muß man auch Mut zu »Novizen« besitzen. Genügend Selbstvertrauen, um hervorragende Spezialisten wahrnehmen und auswählen zu können, ist die erste Voraussetzung beim Anwerben und zugleich diejenige, die am häufigsten vernachlässigt wird. Wirklich kreative Teams können nur von Menschen zusammengestellt werden, die mit Enthusiasmus auch Mitarbeiter wählen, die ihnen selbst überlegen sind und die sie – wie Kidder es ausdrückt – zu ihrem »eigenen Attentäter« machen.

Taylors Strategie bei PARC bestand darin, Kreativität zum Erblühen zu bringen, indem er »wirklich großartige Leute« zusammenbrachte und ihre soziale Dynamik regelte. »Das richtige Umfeld zu schaffen – darin war er gut«, erinnert sich Kay. Während seiner Tätigkeit bei ARPA hatte sich Taylor systematisch mit dem Management von Forschung beschäftigt und die jeweiligen Projektleiter einer genauen Prüfung unterzogen, bevor er ihnen staatliche Gelder gewährte. Das Modell, das er schließlich daraus ableitete, wies folgende Schwerpunkte auf: Rekrutierung, Strukturierung, Kommunikation und Werkzeug.

Wie Disney in seinen Pioniertagen, so besaß auch das Informatiklabor eine nicht-hierarchische Struktur, bei der sämtliche der 40 und mehr Wissenschaftler Taylor direkt unterstellt waren. Das erlaubte Taylor, ständig in Berührung mit sämtlichen Arbeitsvorgängen im Labor zu bleiben, und befreite das Team von störenden Auseinandersetzungen mit Titeln oder Status. Jeder war so gut wie das, was er leistete.

Die Wissenschaftler konnten sich frei von einem Projekt zum anderen bewegen, was dazu führte, daß – wie ein Teammitglied beschreibt – »die interessantesten Projekte die besten Leute anzogen und somit florierten, während die weniger interessanten die Tendenz hatten, zu verdorren«. Taylor erfaßte instinktiv, daß er auf die Richtung, die eine solch kraftvolle Gruppe einschlug, keinen Einfluß hatte. Er mußte seine Leute tun lassen, wozu nur sie in der Lage waren, und darüber hinaus auf die natürliche Auslese vertrauen, die es den besten Ideen erlauben würde, sich aus diesem Prozeß herauszuschälen.

Taylor bot seinem Team eine seltene Gelegenheit: die Freiheit, Basisforschung für ein beträchtliches Gehalt zu betreiben. Für die meisten jedoch war die Bezahlung völlig unwichtig. Ihr vorrangiges Interesse lag darin, die Computerwissenschaft neu zu erfinden. »Seine Leute waren absolut verrückt danach, an dieser spannenden Sache zu arbeiten«, erklärt Kay.

Innerhalb Taylors ungewöhnlich fähiger und respektvoller Führung stellte Kommunikation eines der Schlüsselelemente dar. Der Informationsfluß und -austausch ist für geniale Teams lebensnotwendig, und bei PARC gab es eine grundsätzliche Einrichtung dafür: das wöchentliche Meeting! Taylor hatte dieses Ritual bereits bei ARPA eingeführt, wo Computerwissenschaftler zusammenkamen, um ihre aktuellen Erkenntnisse vorzustellen und sie der kritischen Prüfung durch ihre Kollegen zu unterwerfen. Schon bei diesen Treffen begann eine gemeinsame Vision von der Zukunft der Computertechnologie Gestalt anzunehmen. Auch bei PARC stellte die kollektive Vision ein Organisationsprinzip dar: »Der Traum war ein magnetisches Feld und wir selbst kleine Eisenspäne, die sich daran ausrichteten.«

Taylor unterließ es, sein begabtes Team mit tyrannischen Regeln zu belasten. Mochten einige von ihnen auch arrogant sein – was machte das schon? Allüren erschienen ihm als ein sehr niedriger Preis für Talent: »Wir haben nichts gegen Primadonnen, solange sie singen können.« Aber eine Regel gab es bei PARC, gegen die niemand verstoßen durfte. »Zum wöchentlichen Meeting *mußte* man gehen, und man mußte es durchstehen bis zum Ende«, erinnert sich Kay.

Und so zog jeder Teilnehmer einmal in der Woche einen der Sandsacksessel heran, die in der Ecke gestapelt lagen, um sich bei oftmals hitzigen Diskussionen den Ideen und fragmentarischen Erkenntnissen der anderen auszusetzen. Diese »bits and pieces«, wie Taylor sie nannte, stellten unter Umständen die Grundlage dar, auf denen jeder seine Forschung aufbauen mußte. Das wöchentliche Treffen diente als einfache, aber bemerkenswert effiziente Einrichtung, um jedem im Team Informationen zuzuführen, die sich später zu Schlüsselinformationen auswachsen könnten. Zeitaufwendige Reports und Memos wurden dadurch überflüssig.

Eine weitere Funktion des Meetings lag darin, Spannungen und Meinungsverschiedenheiten an die Oberfläche zu bringen, die dann auf der Stelle ausgeräumt werden konnten. In der Organisation solcher Treffen zeigte sich Taylors Verständnis für die Dynamik genialer Teams: »Keine Organisation ist über die Größenordnung hinaus handlungsfähig, die es erlaubt, alle Hauptpersonen in einem Raum zu versammeln, um sämtliche strittigen Punkte durchzupeitschen, bevor man wieder nach Hause geht!«

Auch Taylor legte außerordentlich großen Wert darauf, daß sein Team die richtigen und die besten Werkzeuge erhielt. Meistens waren das solche, die sie sich selbst konstruiert hatten. »Ob Hardware oder Software – nichts davon

wurde gekauft«, betont Kay. In der Lage zu sein, genau das
herzustellen, was gebraucht wurde, war eine der großen
Stärken der Gruppe. Dies ersparte ihnen die Frustration,
sich mit den Beschränktheiten der unzulänglichen und min-
derwertigen Technologie anderer herumschlagen zu müssen. »90 Prozent der Codes, die heute geschrieben werden«,
so Kay, »versuchen lediglich, die Fehler anderer Leute aus-
zumerzen.«

Spitzentechnologie ist meist ein wichtiger Erfolgsfaktor
für geniale Teams, und PARC bildete in dieser Hinsicht keine Ausnahme. Gleich zu Beginn sah sich die Gruppe mit
einer Technologiekrise konfrontiert, die sie zu Höchstleistungen anspornte und gleichzeitig aufzeigte, wie weit sie
sich tatsächlich vom Rest des Unternehmens entfernt hatte.
Kurz bevor PARC ins Leben gerufen wurde, hatte Xerox für
mehr als 900 Millionen Dollar Scientific Data Systems
(SDS) gekauft, der sie ursprünglich die Ausbeutung sämtlicher kommerziell verwertbarer Errungenschaften PARCs
erlauben wollte.

SDS selbst hatte bereits einen Computer mit der Bezeichnung »Sigma« konstruiert, und bei Xerox ging man davon
aus, PARC würde den verbesserten Sigma 7 für seine Forschungsarbeit benutzen. Aber Taylors Leute waren am Sigma nicht interessiert, der in ihren Augen nicht nur minder-
wertig, sondern schlichtweg Ausdruck einer vergangenen
Epoche war, er war weder interaktiv noch kompatibel mit
der ARPA-Software. Die Gruppe befürchtete, eine Adaption
des Sigma würde ihre Arbeit um mehrere Jahre zurückwer-
fen, und schlug vor, Maschinen von der Digital Equipment
Corporation zu kaufen, die ARPA-Software verarbeiten
konnten. SDS sah damit den Ruf des Sigma, Xerox' eigenem
Produkt, gefährdet. Es folgte eine häßliche Auseinanderset-

zung, die erst beendet wurde, als George Pake mit Kündigung drohte, sollte man der Gruppe nicht gestatten, ihren eigenen Computer zu entwerfen. In weniger als einem Jahr hatte PARC eine Maschine mit einem IC-Speicher statt eines Magnetspeichers, wie der Sigma ihn verwendete, entworfen, der – wie Kay sich ausdrückt – »einen perfekten Personal-Computer abgab«.

Die Bereitschaft der Führungspersonen, gegen die Mutterfirma anzutreten, erzeugte eine enorme Loyalität unter den Gruppenmitgliedern. Indem er persönlich für das Team eintrat, nahm Pake, ebenso wie General Groves beim Manhattan-Projekt oder Kelly Johnson bei Skunk Works, eine Schlüsselrolle ein. Pake, Taylor und den übrigen Abteilungsleitern gelang es bei Xerox gewöhnlich, die Entscheidungsträger von der Notwendigkeit bestimmter Maßnahmen oder Erfordernisse zu überzeugen. Diese Vermittlerrolle ist ganz besonders dann wichtig, wenn ein geniales Team sich auf völliges Neuland wagt, was naturgemäß alarmierend auf Menschen wirkt, die es sich im Status quo bequem eingerichtet haben. Bei PARC war es Taylor, der »sich zwischen uns und Xerox aufbaute«, erzählt Kay, offensichtlich noch immer beeindruckt von der Bereitschaft Taylors, die eigene Karriere zu opfern, um »seine Leute zu beschützen«.

1983 kündigte Taylor bei PARC, nachdem man ihn aufgefordert hatte, sein Labor nach konventionelleren Richtlinien zu reorganisieren und die Kritik an anderen Abteilungen von Xerox einzustellen. Taylor gründete daraufhin eine Computer-Forschungseinrichtung für die Digital Equipment Corporation in Palo Alto.

Mit beinahe missionarischem Eifer widmete sich Taylor seinem Ziel: dem Vorantreiben der Computertechnologie. Unermüdlichkeit, der Glaube an die Wichtigkeit seiner Sache, zielgerichtete Konzentration – das waren die Qualitäten, die Taylor bei PARC einbrachte und die er entweder in anderen erkannte oder anregte – wahrscheinlich beides. Er selbst verfiel in religiöse Termini, wenn er über seine Arbeit sprach. Der einzige Sohn eines methodistischen Priesters glaubte an die Berufung zu einer bestimmten Aufgabe, die man in völliger Hingabe zu erfüllen habe.

Taylor hatte Kay in das PARC-Team aufgenommen, weil dieser die Fähigkeit besaß, mit seinen zündenden Ideen andere anzuregen und mitzureißen. Kay bezog seine eigene Forschungseinheit in der dritten Abteilung des Zentrums, dem Labor für wissenschaftliche Systeme, wo er seine Dissertation einbringen konnte. Er entwickelte sowohl Maschinen als auch Software. Das Ergebnis war »Smalltalk« – eine Software, die Kays Sichtweise des Computers als Medium (statt als Werkzeug) reflektierte, das heißt, er mußte so einfach konstruiert sein, daß selbst ein Kind ihn benutzen konnte. (Der Computer, den Kay entwarf, hatte einen Fernsehmonitor als Display, eine Tastatur und eine Maus.)

Während viele andere Computerpioniere noch ausschließlich mit Mathematik beschäftigt waren, hatte Kay hinsichtlich der Interaktion von Mensch und Maschine bereits ein völlig neues Bewußtsein. Dabei schöpfte er ebenso aus den Theorien von Maria Montessori, Jean Piaget und Jerome Bruner wie auch aus der Suzuki-Methode zum Erlernen des Geigenspiels. Er wollte ein Medium erschaffen, statt lediglich einen Mechanismus zur Ausgabe und Verarbeitung von Informationen. Er wollte den jungen Benutzern die Möglichkeit geben, zu entdecken, daß »... die meisten Vermutungen beim Umgang damit sich als richtig herausstellen«. Kays Konzept eines intuitiven Umgangs mit dem Computer löste eine Revolution aus.

Smalltalk war die erste objektorientierte Programmiersprache. Heute ist Objektorientierung ein selbstverständlicher Bestandteil der Computertechnologie. Sie erlaubt es dem Anwender, Aufgaben zu erledigen, indem an einzelne Software- oder Rechnerbereiche Botschaften geschickt werden, wobei allerdings der Benutzer die internen Befehle nicht kennen muß, die von den Botschaften in Gang gesetzt werden. Das Vorbild für diese Innovation war die biologische Zelle, die bestimmte Funktionen erfüllt und unmittelbar mit anderen Zellen kommuniziert.

Wie spektakulär Kays Erfolge bei PARC auch waren, er selbst gesteht, daß seine Ziele immer viel höher gesteckt waren als das, was er tatsächlich erreichte. Sein größter Traum galt der Entwicklung eines interaktiven Computers in Laptopform, den selbst ein Kind benutzen konnte. Als belesener Geschichtskenner hatte er sehr genaue Vorstellungen über die Größe dieses Gerätes: das Format des ersten transportablen Buches – eine Erfindung, die das Bildungswesen in der westlichen Welt demokratisierte. Der Drucker und Verleger Aldus Manutius hatte im 16. Jahrhundert statt der riesigen Bände in den Bibliotheken die ersten Taschenbücher gedruckt, die in einer Satteltasche transportiert werden konnten. Kay taufte sein Projekt – das er »the intimate Computer« nannte – »Dynabook«.

Dynabook gilt als der berühmteste Computer, der nie gebaut wurde. 1972 beschrieb ihn Kay mit folgenden Worten: »Stellen Sie sich vor, Sie hätten Ihre eigene, unabhängige Wissensmaschine – ein tragbares Paket von der Form und Größe eines gewöhnlichen Notizbuchs. Das Gerät hätte genügend Power, um ihr Gehör und ihre Sehfähigkeit dürftig erscheinen zu lassen, genug Kapazität, um (für späteren Zugriff) Tausende von Seiten Referenzmaterial, Gedichte, Brie-

fe, Rezepte, Schallplatten, Zeichnungen, Partituren, Wellen-
berechnungen, dynamische Simulationen und zahllose andere Dinge, an die Sie sich erinnern oder die Sie verändern
möchten, zu speichern.« – Es sollte noch 15 Jahre dauern,
bevor die Welt tatsächlich die Möglichkeiten eines Laptops
nutzen konnte, das Kay im Geiste schon konzipiert hatte,
während er bei PARC tätig war.

Weil Xerox sich gegen die Entwicklung des Dynabook
entschied, begann Kay mit den Laboranten Burton Lampson
und Chuck Thacker an einem Projekt zu arbeiten, aus dem
schließlich Alto – der erste erfolgreiche Personal-Computer
– hervorgehen sollte (den jedoch nicht Xerox, sondern Apple
bis zur Serienreife entwickelte). Der Alto besaß bereits viele
Attribute, die mittlerweile zur Standardausrüstung eines mo-
dernen PC gehören: das »bit mapping«, wodurch eine spezifische Speichereinheit jedem Bildschirmpixel, der auf dem
Monitor erscheint, zugeordnet werden kann, eine Benutzeroberfläche und eine Maus. Die Vorlage für die Darstellung
auf dem Bildschirm war die Schreibtischplatte – Kays genialer Vorgriff in Richtung Benutzerfreundlichkeit. Wie Notiz-
zettel auf einem Schreibtisch wurden auf dem Bildschirm in
Form der sich überschneidenden Fenster verschiedene Aufgaben gleichzeitig präsentiert. Der Alto war noch auf eine
andere Weise revolutionär: er war verspielt. Als erstes Symbol auf ihrer neuen Maschine wählten die Wissenschaftler
das »Krümelmonster« aus der *Sesamstraße*.

Zur gleichen Zeit wurde bei PARC das erste leicht zu
erlernende Textverarbeitungsprogramm, das erste LAN
(Netzwerksoftware für PCs) und der erste Laserdrucker entwickelt.

Obwohl keine dieser Innovationen jemals ohne die gemeinsame Anstrengung erstklassiger Denker vom Kaliber

Kays zustande gekommen wäre, ist der wesentliche Erfolg PARCs hauptsächlich dessen Leiter – Bob Taylor – zu verdanken. »Ohne Taylor hätte Chaos geherrscht«, schreibt Robert X. Cringely in seinem populären Buch über die Entwicklungsgeschichte von Silicon Valley. »Bob Taylors Funktion war die einer zentralen Schaltstelle, die den Ideenfluß und die Arbeitsfortschritte überwachte und steuerte. Er sorgte dafür, daß beides so reibungslos wie möglich vorankam. Obgleich er kein Computerwissenschaftler und persönlich nicht aktiv an den Projekten beteiligt war, machte ihn seine Vermittlerrolle doch so unentbehrlich, daß sein Status außer Frage stand. Seine Leute nannten ihr Labor ›Taylors Lab‹.«

Nach Cringely tat Taylor nichts anderes, als »das ideale Ambiente für grundlegende Computerforschung« zu schaffen, »... ein perfektes Setting, in dem vier Dutzend Menschen einen Großteil der heutigen Computertechnologie entwarfen«. Taylor verkörperte den Typ, der Möglichkeiten eröffnet. Er folgte der Weisheit einer Zeitungsnotiz, die Jack Goldman, Chefwissenschaftler bei Xerox und Fürsprecher des PARC-Projekts, an die Wand seines Büros gepinnt hatte: »Es gibt zwei Wege, kreativ zu sein. Man kann singen und tanzen oder eine Umgebung schaffen, in der Sänger und Tänzer ihr Können entfalten.«

Die Leute, denen Taylor zur Entwicklung ihrer Fähigkeiten verhalf, erinnern sich an die Zeit bei PARC als die beste ihres Lebens. »Es war das einzige Mal, daß ich Mitglied einer anspruchsvollen Gruppe war, die solch atemberaubende Dinge leistete«, so Kay, »nie zuvor hatte ich soviel Spaß.« Ein anderer erinnert sich: »PARC war die Organisation mit dem größten kontinuierlich kreativen Output, die ich jemals irgendwo gesehen habe. Man hatte das Gefühl, bei der Erschaffung der Welt dabeizusein. Viele dort arbeiteten härter,

als ich es bis dahin – und auch bis heute – erlebt habe. Und
alle waren überzeugt, ihre Sache sei den Einsatz wert – immerhin ging es darum, die Welt zu verändern.«

Im nachhinein ist schwer nachvollziehbar, warum Xerox
die kommerzielle Nutzung des Alto ablehnte. Mangel an
visionärem Vorstellungsvermögen in den obersten Führungs-
reihen mag ein Grund gewesen sein – doch gewiß nicht der
einzige. Das Elitebewußtsein seitens PARC tankte zwar die
Teammitglieder mit Energie auf und ließ ihr Talent gedei-
hen, aber es gab auch einen weniger angenehmen Aspekt:
Die Teammitglieder verhielten sich teilweise ausgesprochen
unfreundlich und abweisend, ja sogar grob gegenüber den
in die Mysterien der Computertechnik nicht eingeweihten
Xerox-Amtsinhabern. (Die Uneingeweihten wurden mitunter als »Tonerköpfe« bezeichnet – in Anspielung auf die
Flüssigkeit, die das berühmte Fotokopiergerät der Mutterfirma benötigte.)

J. Bob Potter, Chef der Computerentwicklungsabteilung
von Xerox in Dallas, war einer der Firmenrepräsentanten,
der den Stachel kollektiver Abneigung schmerzhaft zu spüren bekam. »Ich ging zu ihnen hin und hockte mich auf ihre
Sandsäcke«, erinnert er sich in *Fumbling the Future*, »aber
ich konnte einfach nichts aus ihnen herausbekommen. Ich
habe ihnen mein Wohlwollen gezeigt und ihnen gesagt, ich
sei ihr bester Kunde im Unternehmen, aber sie interessierten
sich nur für ihre eigenen Angelegenheiten. Sie bildeten sich
ein, zwei Meter über allen anderen zu schweben. Die bei
PARC haben nie verstanden, daß es eigentlich ihre Aufgabe
war, den weniger glücklichen, weniger intelligenten, sprich
dem Rest der Welt, auf die Sprünge zu helfen.«

Wo Xerox blind herumtastete, da nahm Apple sich der
Sache begeistert an. »Es war«, schreibt Steven Levy in *In-*

sanely Great, »wie ein Raub bei hellem Tageslicht« – jedoch mit dem Segen von Xerox. Die Finanzabteilung bei Xerox hatte beschlossen, dem Apple-Mitgründer Steve Jobs, im Austausch einer größeren Menge Apple-Aktien für einen guten Preis, Einblick in PARCs neue Technologie zu gewähren. So geschah es, daß im Dezember 1979 – sieben Jahre nach Entwicklung und Bau des ersten Alto bei PARC – Steve Jobs bzw. Apple ein Blitzstart des Macintosh ermöglicht wurde. Bei einer Demonstration des Alto im PARC-Hauptquartier konnten die Apple-Abgesandten die gesamte Palette revolutionärer Neuerungen bestaunen, die dem Team bislang gelungen waren, angefangen bei den Pop-up-Menüs bis hin zur »Maus«. Larry Testler, der die Vorführung bei PARC leitete, war verblüfft über die von den Apple-Mitarbeitern gestellten Fragen.

Testler, der PARC später verließ, um zu Apple überzuwechseln, berichtet: »Es war fast so, als würde ich mit jemandem aus der Gruppe diskutieren. Vielleicht noch besser, denn diese Leute wollten unsere Erfindung der Welt da draußen präsentieren.«

Und ob sie das taten! Steve Jobs, der bei der Präsentation anwesend war, hatte Schwierigkeiten, seine Erregung zu verbergen: »Warum macht ihr nicht irgend etwas mit diesem Ding?« platzte er laut heraus. »Das hier ist das Größte! Herrjeh!« Auf der kurzen Rückfahrt zum Apple-Hauptquartier in Cupertino überlegten sie bereits, wie sie das soeben Gesehene nutzen konnten, um selbst einen neuartigen Computer zu bauen. Wie Levy schreibt, hatte man Apple gerade die Grundidee dazu geliefert. Als Xerox bemerkte, was sie planten, war es längst zu spät. Apple war auf dem Weg, die Revolution ohne den Riesen Xerox zu starten.

Obgleich Apple-Mitbegründer, war Steve Jobs doch niemals dessen technischer Leiter – diese Rolle hatte Steve

Wozniak inne. Aber es war Jobs, der sofort begriff, daß PARCs Erfindung die Zukunft der Computertechnologie darstellte. In einem Interview für das *Wired* Magazin 1996 beschreibt er die historische Begebenheit: »Als ich 1979 zu Xerox ging, sah ich eine sehr rudimentäre grafische Benutzeroberfläche. Das Ding war noch nicht vollkommen ausgereift. Aber nach zehn Minuten wurde mir klar, daß jeder Computer der Welt eines Tages so aussehen würde.«

Bisher hatte Jobs die von Wozniak und anderen hergestellten Produkte auf sehr geniale Art und Weise vermarktet. Jetzt besaß er eine eigene Vision: Er mußte nichts weiter tun, als die Maschine zu bauen, sie auf seine eigene unnachahmliche Art zu vermarkten und in Umlauf zu bringen.

Die Geschichte des Macintosh gehört mittlerweile zu den großen Legenden von Silicon Valley: Wie Jobs Jef Raskin aus dem bereits existierenden Macintosh-Projekt herausdrängte, um dem Mac seinen eigenen, jugendlichen Stempel aufzudrücken. Wie Jobs eine kleine Gruppe talentierter Programmierer, Designer und Marketingspezialisten zusammenbrachte und sie abwechselnd anfeuerte und anschnauzte, etwas »wahnsinnig Großartiges« zu machen. Wie er seinem genialen Team das Bewußtsein einer hochbegabten Rebellenbande eingab – im Wettstreit nicht bloß mit den übrigen Projektteams innerhalb Apples, sondern gleich mit dem Rest der digitalen Welt.

Apple, das Mitte der siebziger Jahre in einer Garage anfing, war für seine ungezwungene Atmosphäre bekannt, selbst dann noch, als die Gesellschaft größer und straffer durchorganisiert wurde. Als Kopf des Macintosh-Teams gelang es Jobs, sein Team immer wieder mit dem ursprünglichen Apple-Geist zu erfüllen. Sie bezogen ein eigenes Gebäude – Bandley 3 – und schufteten 100 Stunden pro Woche. Jobs feuerte sie an, ihre Erfindung »würde eine Delle ins Universum drücken«. Sie waren keine Ingenieure und Marketingleute mehr, sie waren Freibeuter, gewitzte Underdogs, die mit Brillanz im Namen von Erneuerung gegen das Establishment antraten. »Besser, ein Pirat zu sein, als der Marine beitreten!« verkündete Jobs in einem seiner Epigramme, die sein Markenzeichen waren, und sie hißten die Totenkopfflagge über Bandley.

Jobs besaß die geniale Begabung, Gruppenidentität zu erzeugen. Er verteilte T-Shirts und lockte mit so kindischen Belohnungen wie einem Waggon Ananas-Pizza für alle, wenn sie bis zu einem bestimmten Termin ein besonders kniffliges Problem bewältigten.

Er umgab ihre Arbeit mit der Aura des Mystischen, kein Außenseiter durfte erfahren, was sie im Schilde führten. Der Macintosh war ihr geheimes Projekt von welterschütternder Wichtigkeit. Auf Geheimhaltung waren geniale Teams lange Zeit versessen, ob Sicherheitsvorschriften es verlangten oder nicht. Geheimniskrämerei hebt die Eingeweihten von den Unwissenden ab und bindet die Insider nur noch stärker aneinander.

Es ist interessant, Jobs' Führungsstil bei Apple mit dem von Taylor bei PARC zu vergleichen. Gewiß war Taylor kein Heiliger. Er hatte eine Tendenz zum binären Menschenbild – wie einer seiner Mitarbeiter bemerkte: »Man war für Taylor entweder der Größte, der je auf Erden wandelte, oder der letzte Abschaum.« Aber niemals beschimpfte er seine Untergebenen so, wie Jobs es tat. Dieser betrieb mit Begeisterung, was seine entnervten Mitarbeiter »Management by walking around« nannten. Ganz plötzlich tauchte er irgendwo auf, blickte einem Teammitglied über die Schulter und äußerte sich – obgleich er relevante Kenntnisse nicht besaß – abfällig über dessen Arbeit. Sein Standardspruch: »This sucks!«

Jobs war erst 24, als er die Aufgabe seines Lebens bei PARC entdeckte. Seine Jugend provozierte folgenden Witz: »Was ist der Unterschied zwischen Apple und den Pfadfindern?« Antwort: »Pfadfinder haben einen erwachsenen Führer.«

Vielleicht sollte man hinsichtlich Jobs' – gelinde gesagt – unreifen Führungsstils nachsichtig sein. Leider unterminierte sein Verhalten jedoch ganz entschieden seine Autorität. Wie Leary berichtet, witzelte das Team nicht selten über den ihm zuweilen mangelnden Realitätssinn. Oft taten sie hinter seinem Rücken einfach, was sie selbst für richtig hielten, wie zum Beispiel den bedauernswert schwach ausgestatteten ersten Mac mit zusätzlichen Arbeitsspeichern auszustatten.

Welchen Preis Apple tatsächlich für das rüde Verhalten Jobs' zahlte, bleibt offen. Möglicherweise verzögerte er sogar (ungewollt) die Entstehung des Mac, indem er den Stresslevel ständig höhertrieb. Durch das dauernde Abblocken seiner Überraschungsattacken ging viel Zeit und vor allem emotionale Energie der Mitarbeiter verloren. Höflichkeit am Arbeitsplatz, besonders, wo der Erfolg von Talent und Hingabe der Angestellten abhängt, ist nicht nur die *richtige* Haltung, sondern auch die intelligenteste. Talent ist ein Schatz. Man sollte ihn nicht verschleudern.

Eines der talentiertesten Mitglieder des Mac-Teams war Susan Kare. Das besondere Markenzeichen des Macintosh – seine »Persönlichkeit« – verdankt er zum großen Teil dieser jungen Frau, die die berühmte »Mülltonne« und andere Icons schuf. Susan Kares Gebiet unterschied sich deutlich von dem der Programmierer und Ingenieure. Andy Hertzfeld – den sie aus der High School kannte – hatte sie, die bereits einen Doktortitel in Kunst besaß, in das Projekt eingeschleust. Hier etablierte sie ihre eigene Kunstform: den Entwurf der fingernagelgroßen Symbole von Schreibmaschinen und anderen Objekten, die die Computerbenutzer mit grafischer Benutzeroberfläche anklicken. Susan Kare, mittlerweile Betreiberin eines eigenen Studios in San Francisco, entwarf auch die Tastatur des Macintosh. Nachdem sie Apple verlassen hatte, kreierte sie eine Serie schrulliger Icons für dessen Rivalen Microsoft Windows 3.0.

Auch Jobs leistete einen entscheidenden gestalterischen Beitrag bei der Entwicklung des Mac, indem er unter anderem auf dessen elegantem Design bestand. Bill Gates hat einmal gesagt, der Mac hätte ohne Jobs niemals das Licht der Welt erblickt, was Kay zurückgab, indem er Gates bescheinigte, sein Computer sei der erste kritikwürdige PC gewesen (was Kay, damals bereits Apple-Mitglied, 1984 in einem Memo mit dem Titel *Would You Buy a Honda with a One-Gallon Gas Tank?* schon unter Beweis gestellt hatte).

Es wurde oft erwähnt, die Leute des Mac-Teams hätten mit »leuchtenden Augen« gearbeitet. Wieviel davon auf Jobs' Konto geht und wieviel der inneren Befriedigung der einzelnen Mitarbeiter, an einer anspruchsvollen und wichtigen Sache beteiligt zu sein, zuzuschreiben ist, spielt letzten Endes keine Rolle. »Jeder, der dort arbeitete, identifizierte sich voll und ganz mit dem Projekt – wir waren überzeugt davon, eine Mission zu erfüllen«, berichtet ein ehemaliges Teammitglied. Jeder einzelne im Team hatte einen Teil seiner selbst in diesen Computer eingebracht; als einen symbolischen Akt ließen die Mitglieder der Gruppe ihre Signaturen auf eine kleine Platte stanzen, die in jede produzierte Maschine gesetzt wurde. Sie würden davon wissen, auch wenn niemand sonst sie je bemerken würde!

Der erste Macintosh wurde 1984 ausgeliefert, viel später als alle erwartet hatten, auch der kommerzielle Erfolg blieb zunächst aus. Aber die Menschen, die den Mac entwickelt haben, sind stolz auf ihre Arbeit. In Levys Buch äußern sie sich begeistert darüber: »Wir haben niemals bezweifelt, daß unsere Art zu arbeiten sich durchsetzen würde. Der Teamgeist bei Apple war dabei das Ausschlaggebende – die verrückte Respektlosigkeit mit dem antiautoritären Beigeschmack. Der Macintosh signalisiert seinem Benutzer praktisch: ›Sei locker, nimm die Dinge nicht so ernst.‹ Für uns war es herrlich, ein Produkt mit einer rebellischen Seele herzustellen.«

»Die *Reise* ist die Belohnung«, schrieb Jobs einmal auf eine Tafel, um seine Leute anzuspornen. Erhabene Ziele, große Ambitionen, das Bewußtsein, zu den Besten zu gehören mit dem Willen, die Welt zu verändern, dies sind die Gemeinsamkeiten genialer Teams, die ihnen ihre oft schwere Arbeit als paradiesische Glückszustände erscheinen lassen. Kommerzieller Erfolg spielt dabei eher eine untergeordnete Rolle. Die meisten Mitglieder des PARC-Teams trauern nicht übermäßig darüber, daß ihre Arbeit lediglich zur Entwicklung von Mac und Windows betriebenen PCs führte. Zum Teil sicherlich, weil sie sich vornehmlich als Wissenschaftler sahen. Mit Alan Kays Worten besteht »der Hauptunterschied zwischen einem Wissenschaftler und einem Ingenieur darin, daß der Ingenieur etwas herstellt, der Wissenschaftler dagegen etwas verstehen möchte«. Sie wollten damals verstehen, wie Information auf eine völlig neuartige Weise gespeichert, übertragen und manipuliert werden konnte. Bis zu einem bemerkenswerten Grad ist ihnen das gelungen. Die Mac-Mannschaft wollte eine wahnsinnig tolle Maschine bauen und auf den Markt bringen – und auch sie hatten Erfolg!

Die Apple-Mitarbeiter jedoch zahlten einen sehr hohen Preis für den Sieg. Viele Ehen und andere Beziehungen nahmen Schaden. Als die Maschine endlich konstruiert war, waren die Gruppenmitglieder völlig ausgelaugt. Es fehlte ihnen sogar an Energie, die notwendigen Verbesserungen vorzunehmen, die ein solches Produkt in der Einführungsphase unweigerlich verlangt. Einige verließen das Unternehmen. Der gnadenlose Eifer von Jobs war am wenigsten destruktiv, wenn man ihm nicht direkt ausgesetzt war. Arbeitete man jedoch unmittelbar für ihn, dann predigte er nicht bloß das Macintosh-Evangelium, sondern mischte sich auch in die Privatangelegenheiten seiner Mitarbeiter ein. So führte er beispielsweise die Praxis ein, die Apple-Mitarbeiter bei Seminaren und anderen professionellen Treffen Hotelzimmer teilen zu lassen. »Das geschah nicht etwa aus Sparsamkeitsgründen«, berichtet Cringely, »sondern weil Jobs das sogenannte Bettenhüpfen einschränken wollte.« Apple sei ein sehr lustbetontes Unternehmen, und Jobs sah es nicht gern, »wenn die Leute ihre Libido aneinander abarbeiteten statt am Projekt«.

Ein erfahrener, weniger egozentrischer Teamleiter hätte gewußt, daß das Team auf eine Trennungsdepression epischen Ausmaßes zusteuerte, und hätte versucht, den Schmerz zu lindern. Gleichgültig gegenüber den Bedürfnissen seiner Mitarbeiter, befleißigte sich Jobs statt dessen, Stars wie Andy Warhol und Mick Jagger den Mac zu präsentieren.

Heute, im Alter von über 40, scheint Jobs etwas milder gestimmt – sowohl als Vorgesetzter als auch als Kreuzritter des Macintosh-Prinzips. Er ist Geschäftsführer der Firma NeXT, eines Herstellers von Workstations, und Pixar, einer Computer-Animationsfirma, die mit dem Film *Toy Story* große Erfolge feierte. Jobs – noch immer ein Visionär –

scheint mittlerweile gelernt zu haben, wie man führt, ohne
herumzuschubsen. Es ist ihm gelungen, die Behauptung
F. Scott Fitzgeralds zu widerlegen, wonach es im Leben eines Amerikaners keine zweite Chance gibt. Nach seinem
Ausscheiden bei Apple fand Jobs eine andere Nische, die
ihm dank seiner Aktienanteile an Pixar wiederum ein Ver-
mögen einbrachte, nachdem er ein Jahrzehnt zuvor seine
abgewerteten Apple-Aktien in einem emotionalen Akt zu
ungünstigem Kurswert veräußert hatte. Jobs' Botschaft findet noch immer ein Echo: Heute steht Macintosh sowohl
für einen Computer als auch für eine säkulare Religion.
Stellvertretend für viele stimmt Lloyd Krieger in einer Glos-
se in der *New York Times* ein Loblied auf den Macintosh
an: »Warum sollte jemand jemals zu Windows 95 über-
wechseln, wenn er einen richtigen Mac haben kann?« fragt
Krieger. »Ebensowenig würde sich jemand Harry Connick
Jr. antun, wenn er genausogut Frank Sinatra hören kann.«

Obwohl Jobs 1985 von Apple entlassen wurde, ist doch
vorstellbar, daß seine Vision des Macintosh als Weltan-
schauung und nicht nur als Produkt das in Bedrängnis ge-
ratene Unternehmen noch retten könnte. Apple hat zum
Beispiel Guy Kawasaki, einst Jobs' »Evangelist« (so lautete
jedenfalls der Titel auf seiner Visitenkarte), als einen von
sechs Apple-Fördermitgliedern wieder eingestellt. Kawasaki
soll den Apple-Kult lebendig erhalten. Dazu verbreitet er
gute Nachrichten über den Macintosh in Internet-Foren, wo
die Standardreaktion von Apple auf Windows 95 lautet:
»Alter Hut.« »My goal is«, sagt Kawasaki, »to carry the
Macintosh torch and save computer users from the Gates of
hell.« Jobs selbst hätte es nicht besser ausdrücken können.

Was PARC geträumt und in einem begrenzten Rahmen
entwickelt hatte, schickte Apple hinaus in die Welt – und

das ist Steve Jobs zu verdanken. Als große Ironie der Computergeschichte warf Jobs Bill Gates vor, er habe einfach die Ideen von Apple gestohlen, als er mit seiner Windows-Software jeden Computer zu einer Art verwässertem Mac machte. »Nein, Steve«, gab Gates zurück, »es sieht wohl eher so aus, als hätten wir beide diesen reichen Nachbarn namens Xerox. Du bist eingebrochen, um den Fernseher zu holen, stellst fest, daß ich schon vor dir da war, und sagst: ›Das ist nicht fair, ich wollte das Ding doch klauen!‹«

Wie man einen Ort namens Hoffnung verkauft

Nichts erfordert ein größeres Maß an Zusammenarbeit, als jemanden ins Weiße Haus zu bringen! Mehr als ein Jahr lang arbeiteten Hunderte von Menschen an Bill Clintons bemerkenswertem Sieg im Jahre 1992. Angefangen bei dem charismatischen Kandidaten selbst bis hin zum Chef der Demokratischen Partei, Ron Brown, engagierten sich in diesem genialen Team Clintons Frau, Hillary Rodham Clinton, politische Strategen, Spendensammler, Demographen und – in der Person Paul Begalas – ein begabter und routinierter Redenschreiber, der bewegende, zuweilen gar erhabene Reden für Clinton verfaßte. All dies während einer Kampagne, die mehr durch Haßtiraden und Schlammwerferei geprägt war als je zuvor.

Bill Clinton ist ein großer, stattlicher Mann, der mit seiner Präsenz jeden Raum, den er betritt, völlig ausfüllt. Er ist ein Mann von ungewöhnlicher Intelligenz, ein ehemaliger Rhodes-Schüler, der noch immer die Telefonnummern seiner College-Freunde im Gedächtnis hat. Dennoch war er keineswegs ein selbstverständlicher Kandidat. Als Clinton seinen Sturm auf das Weiße Haus begann, hatten die Republikaner die amerikanische Politik fast 20 Jahre lang bestimmt. Der Kandidat war ungewöhnlich jung, erst 45, und bekannt – wenn überhaupt – als Vertreter des verhältnismäßig armen, eher unbedeutenden Staates Arkansas.

Das Rennen gestaltete sich diesmal besonders hart. Zunächst gewann er innerhalb seiner Partei die Nomination als einer von sechs Bewerbern. Dann trat er gegen den Amtsinhaber George Bush an, der – als Nachwirkung des Golf-Krieges – von sensationellen 91 Prozent der Bevölkerung favorisiert wurde. Ross Perot, der dritte Präsidentschaftskandidat mit den großen Ohren, stellte mit seiner enormen Selbstsicherheit in Verbindung mit einem riesigen Budget eine zusätzliche Unsicherheit dar. Im Laufe seiner unfreiwillig komischen Kandidatur für das höchste Amt im Land gab Perot allein für Werbung 60 Millionen Dollar aus – aus privater Kasse.

Einige Beobachter behaupten, Bill Clinton habe sich sein ganzes Leben lang auf die Präsidentschaft vorbereitet, und führen prägende Erfahrungen an, wie das Zusammentreffen des sechzehnjährigen Politikstudenten mit seinem Helden, John F. Kennedy, auf dem Rasen vor dem Weißen Haus. In Wahrheit begann Clintons Bemühen um die Präsidentschaft Mitte der achtziger Jahre Form anzunehmen, als er Mitgründer des Demokratischen Führerschaftsrats wurde. Gebildet aus vielen der besten und hellsten Köpfe der Partei, suchte der Rat nach Wegen, die republikanische Vormacht im Weißen Haus zu brechen. Dieser Rat unternahm auch eine Neubestimmung dessen, was es heißt, Demokrat zu sein, Mitglied einer Partei, die einmal den Glauben daran verkörpert hatte, daß die Regierung im Interesse und zum Nutzen jedes einzelnen im Volke handele – die jedoch seit den glanzvollen Tagen Roosevelts und den tausend Tagen von Kennedys Camelot ihre Kraft verloren zu haben schien.

Ein neuer Zentralismus war das bestimmende Merkmal in der Neuausrichtung der Partei durch den Demokratischen Führerschaftsrat. Im Mai 1991 verursachte Clinton bei einer Jahresversammlung in Cleveland allerhand Wirbel, als er die neue Hoffnung und Begeisterung dieses aktiven Flügels der Partei in einer Ansprache zusammenfaßte. »Seine Rede wurde zu einem Manifest für postmoderne demokratische Politik, die den abgestandenen alten Streit zwischen Liberalen und Konservativen weit hinter sich ließ«, schreiben die Autoren von *Quest for the Presidency 1992*. »Die Entscheidung, auf die es ankam, war die zwischen gestern und morgen, und die Zukunft der Partei hing davon ab, ob man sich auf der richtigen Seite der Gleichung befand.«

Clinton ist ein Kind seiner Zeit. Er liebt Rock n' Roll (seine Mitarbeiter nannten ihn »Elvis«) und teilt viele Werte seiner Generation. Auch sein Respekt für kollektive Aktionen rührt aus den sechziger und siebziger Jahren, als aufgebrachte Studenten ihre Universitäten boykottierten, um gegen einen Krieg zu protestieren, den sie als unmoralisch ansahen. Clinton ist der erste Präsident, der gemeinschaftliche Lebensformen und das Lernen und Entscheiden in Gruppen in Betracht zog. Wie sein beständiges Mitwirken beim jährlichen Diskussionsforum »Renaissance Weekend« bewies, war Clinton in hohem Maße zur Teamarbeit fähig. Schon in seiner Studentenzeit an den Universitäten Georgetown, Yale und Oxford hatte Clinton Netzwerke koordiniert. Sein Temperament und seine Ausbildung befähigten ihn, ein geniales Team zu formieren und sich von ihm bei seinem Kampf um die Präsidentschaft unterstützen zu lassen. Ihm war klar, daß er auf die Hilfe erstklassiger Professioneller angewiesen sein würde – und er wußte auch, wo er sie finden konnte.

Es gibt einen Führungstyp, der sich ausschließlich mit ihm ähnlichen Leuten umgibt. Es gibt aber auch einen anderen, besseren, der – wie Clinton – verstanden hat, daß Außergewöhnliches nur zu erreichen ist, indem man sich mit talentierten und kritischen Menschen umgibt, die aufgrund einer gänzlich anders gearteten Begabung etwas zu leisten imstande sind, wozu man selbst nicht in der Lage ist. Wie viele erfolgreiche Führungspersönlichkeiten empfand Clinton derartige Kompetenz jedoch keineswegs als bedrohlich. Er setzte vielmehr – zuversichtlich, die zum Wahlsieg führende Zielvorstellung zu haben – gerade auf diese Kompetenz seiner Mannschaft.

Anders als Ross Perot, der seinen politischen Chefstrategen, Ed Rollins, mißachtete und ihn schließlich entließ, konsultierte Clinton regelmäßig Experten seines Teams. Ähnlich wie Walt Disney hegte auch Clinton seine Vision; die Aufgabe seiner Mitarbeiter bestand darin, sie Wirklichkeit werden zu lassen. Clintons Chefstratege James Carville berichtet, Clinton habe gegenüber seinen Mitarbeitern immer wieder betont, er selbst habe die für den Sieg notwendige Vorstellungskraft: »Was ich von euch Jungs am meisten brauche, ist Genauigkeit, Konzentration und Handlungsfähigkeit.« Nur wenigen der Kampagnehelfer gelang nach dem Wahlsieg eine eigene Karriere wie dem berühmtesten von ihnen, dem schillernden Carville. Die meisten wirkten im verborgenen, lediglich den allgegenwärtigen Medien bekannt.

Ein erster, wichtiger Schachzug Clintons bestand darin, für eine gewaltige »Kriegskasse« zu sammeln. Nach einem eher unfähigen Fund-Raiser stieß er auf Rahm Emanuel –

einen jungen Schlaukopf. Im Team wegen seines fetzigen
Stils, mit dem er die Kapitalbeschaffung der Kampagne in
Gang brachte, bald als »Rahmbo« bekannt. Noch im November 1991 hatte es nicht eine einzige Wahlfinanzierungs-
veranstaltung gegeben – mit Rahmbo am Steuer wurden
allein im Dezember 1991 27 Veranstaltungen organisiert.
Ende 1991 hatte das Team ungefähr 3,3 Millionen Dollar
in der Kasse, was Clinton einen entschiedenen Vorteil in der
teuren Welt des elektronischen Wahlkampfes verschaffte.

Zweifellos war Clinton das Haupt des genialen Teams,
das seinem Sieg den Weg bereitete. Aber wenn die Kampagne von 1992 einen Star hatte, dann nicht den Kandidaten
selbst, sondern James Carville, der – wie er sich selbst nennt
– »Rasende Cajun«. Exzentrisch und spontan, gab der ge-
bürtige Louisianer einen brillanten politischen Strategen ab
– vielleicht den besten in der amerikanischen Geschichte –
jedenfalls aus der Sicht seines Partners Paul Begala.

Obwohl auch andere, wie Paul Begala selbst und George
Stephanopoulos, Clintons Direktor für Kommunikation, sicherlich ähnlich wichtige Rollen im Zusammenhang mit
Clintons Sieg spielten, so war es doch vor allem James Carville, der die Phantasien der Bevölkerung in seinen Bann
zog. War er doch ein Mann, von dem behauptet wurde, er
gliche »einem Fisch, der zu nahe an einem Atomreaktor
vorbeigeschwommen ist«. In diesem Mann mit seinem irri-
tierenden Äußeren hatte Clinton einen überzeugenden Vertreter der demokratischen Politik und gleichermaßen einen
politischen Bullbeißer, der für den Sieg zu allem bereit war,
außer mit Rassisten zu kollaborieren.

Carville brachte vor allem Straßenkämpfergeist in die
Kampagne ein. In seinem Buch über diese Zeit, das er mit
seiner republikanischen Rivalin, Mary Matalin (seiner heu-

tigen Ehefrau) schrieb, beginnt er mit einem Zitat, welches seine damalige Haltung treffend wiedergibt: »Wenn dein Widersacher am Ertrinken ist, dann wirf dem Bastard einen Amboß zu.« Man konnte sich darauf verlassen, daß Carville nicht nur jede Kontroverse zugunsten Clintons drehen konnte, sondern auch die Aufmerksamkeit der Medien zu lenken wußte. Reporter lieben gute, farbenfrohe Reißer mehr als alles andere, und Carville – Meister des faszinierenden Südstaaten-Images – strahlte ähnlich exzentrische und exotische Medienwirkung aus wie Ross Perot.

Führer genialer Teams finden für jeden guten Kopf das richtige Betätigungsfeld. Der von Natur aus kampflustige Carville führte das, was Hillary Rodham Clinton den »Kriegsraum« taufte (auch Titel eines Dokumentationsfilms über den Wahlkampf). »Der Kriegsraum war das Nervenzentrum der Kampagne«, schreibt Carville. In gewisser Weise war er typisch für die streng funktionalen Räume genialer Teams. Untergebracht in den Verkaufsräumen eines Ladens in der City von Little Rock, war er in dieser Anlage ebenso abgeriegelt wie Los Alamos.

Geniale Teams haben eine Tendenz zum Inseldasein, wo sie abgeschnitten sind von den Ablenkungen der Großstadt. Es paßte Carville gut, daß es keine direkte Flugverbindung zwischen Washington DC und Little Rock gab, weil es so für die Vertreter der Presse schwieriger war, einfach hereinzuplatzen und herumzuschnüffeln. Auch daß es wenig Zerstreuung in dieser Gegend gab, die von der totalen Konzentration auf den Wahlsieg Clintons hätte ablenken können, war Carville gerade recht. Er erwartete von seinen – meist jungen – Mitarbeitern, daß sie rund um die Uhr schufteten. »Gewinnen« sollte ihr Motto sein.

So absorbiert war der Rasende Cajun von seiner Aufgabe, daß er sogar seine langfristige Beziehung zu Mary Matalin, der stellvertretenden Managerin der Bush-Wiederwahlkampagne, auf Eis legte. (Das politisch kontroverse Paar telefonierte zwar täglich miteinander, dabei ging es jedoch – wie beide betonen – lediglich um Dinge, die die Kampagne nicht unmittelbar betrafen.) Mitglieder genialer Teams sind, wie schon erwähnt, bekannt dafür, kein Leben außerhalb des Projekts zu haben. Aber wer hat schon Zeit für den Alltag, wenn es darum geht, Geschichte zu machen?

Statt mit repräsentativem Dekor war der Kriegsraum mit der allerneuesten Technologie ausgestattet. Man konnte somit blitzschnell reagieren auf jede Attacke gegen Clinton, jede Herausforderung, jedes Stottern beim Rivalen, und zwar ohne jede Verzögerung. Carville war – dank modernster Technik – ständig in Kontakt mit Clinton und dessen Begleitmannschaft unterwegs sowie mit der Medienberichterstattung (»die Bestie« genannt) und den engeren Beraterstäben der übrigen Kandidaten.

Keine der vorausgegangenen Kampagnen hat jemals die Errungenschaften moderner Technik derart ausgeschlachtet. Der Kriegsraum war vollgestopft mit Computern, Fax-Maschinen und anderen Geräten, die eine unmittelbare Analyse erlaubten und der Gruppe ermöglichten, in Nanosekunden Informationen zu empfangen oder weiterzugeben. Überall befanden sich Monitore. Hätte die Gruppe ein Mantra gehabt, so wäre es mit Sicherheit die Ansage »This ... is CNN« gewesen, gesprochen von James Earl Jones. Der Nachrichtensender lief 24 Stunden ohne Unterbrechung.

»Es ist wichtig, eine Kampagnenkultur zu schaffen«, schreibt Carville, »unsere basierte auf Geschwindigkeit.« Carvilles T-Shirt trug die Aufschrift »Geschwindigkeit ist

tödlich … für Bush.« Als Mitarbeiter in Carvilles Kriegsraum ging man nicht einfach zum Fotokopiergerät – man
rannte. Genau wie bei einer Militäroperation schlief die
Mannschaft nur in Etappen. Eine Nachtschicht kontrollierte alles, was Bush und dessen Gefolge sagte oder tat, und
hatte bereits Akten und Unterlagen parat, wenn Carville
und Stephanopoulos um sieben Uhr in der Früh ihr Meeting
abhielten. In bester Offiziersmanier schnauzte und kom-
mandierte Carville, was das Zeug hielt. Nichts durfte später
getan werden als auf der Stelle. So geschah es, daß, noch
während Bush seinen Wirtschaftsplan im Rahmen eines Par-
teitages in Houston vortrug, der Kriegsraum bereits Unterlagen an die Presse weitergab, aus denen hervorging, warum
dieser Plan niemals funktionieren konnte.

Viele im Team waren sehr jung. Stephanopoulos feierte
gerade seinen 30. Geburtstag, als man in den Vorwahlen
über die Präsidentschaft abstimmte, und die Pressesprecher-
in Dee Dee Myers war erst 29 Jahre alt. Carville war einer
der Ältesten in der Gruppe, als er 1991 seinen Job übernahm. Ende 40 verblüffte er mit einem pubertären Erschei-
nungsbild: Er kleidete sich wie ein nachlässiger Teenager,
trug vorzugsweise zerschlissene Jeans, unter denen man seine Boxershorts durchschimmern sah. Er war einerseits zu
bemerkenswerten Einsichten und obsessiver Zielstrebigkeit
fähig, andererseits hatte er die eher kindliche Neigung, sich
bei Meetings zu langweilen. Schließlich gaben ihm seine
Kollegen Spielzeug, mit dem er sich beschäftigte, wenn seine
Aufmerksamkeit nachzulassen drohte.

Vor allem aber besaß Carville die Fähigkeit, jene hoch-
dramatische Atmosphäre zu schaffen, die so charakteristisch für viele geniale Teams ist. Er wußte, daß solche Ad-
hoc-Organisationen Rituale und Höhepunkte brauchen, die

Teil einer gemeinsamen Geschichte werden. Gruppenrituale schaffen Zusammenhalt, sie bieten eine willkommene Erholung von langen Arbeitstagen mit hohem Druck und verleihen dem Unternehmen Bedeutung. So führte Carville das »Kriegsraummitglied der Woche« ein. Der Ernannte bekam eine Flasche Grillsauce und – das uramerikanische Abzeichen kleiner Jungen – einen goldenen Stern. Bei einer anderen Gelegenheit hatte Carville den Einfall, zwecks Abbau aufgestauter Spannungen rohe Eier auf dem Kopf eines Mitarbeiters zu zerschlagen.

Jugendlicher Übermut ist fast immer eine Eigenart solcher Elitegruppen, vielleicht auch deshalb, weil nur junge, in gewisser Weise verrückte Menschen Energie genug haben, um sie so hemmungslos verschleudern zu können, wie es die heldenhafte Mission erfordert. Es steckt aber noch mehr dahinter: Gruppen, die aufgrund einer Vision, die ebenso in Träumen wie in Erfahrungen ihren Ursprung hat, die Welt verändern wollen, sehen diese Welt aus einem völlig neuen Blickwinkel. Unlängst sprach Steve Jobs von Apple in einem Interview von dem, was die Zen-Religion als »Anfängergeist« bezeichnet. Oft begreifen die Teammitglieder erst nach Beendigung ihres Projekts, daß sie etwas Außerordentliches nur deshalb erreichten, weil sie ein mögliches Scheitern gar nicht erst in Betracht gezogen hatten. Denn Zeit und Erfahrung unterminieren das einst unerschütterliche Vertrauen in die eigenen Möglichkeiten. Jobs selbst ist dafür ein typisches Beispiel: »Es ist nicht so einfach, die Welt technologisch zu verändern, wie man es sich mit zwanzig vorstellt. In einigen Bereichen klappt's, in anderen nicht.« Es ist zu bezweifeln, ob der erwachsene und reife Steve Jobs von heute ein Team zu solch großartigen Leistungen würde anstacheln können wie der Zwanzigjährige mit dem wilden Blick.

In vielerlei Hinsicht gleicht jede Kampagne einem Kinderkreuzzug, einer bis zur Selbstaufopferung gehenden Anstrengung Tausender Freiwilliger, die entschlossen sind, ihrer Sache bis zum Umfallen zu dienen. Carville war der Einpeitscher der Clinton-Kampagne, der charismatische Mahdi, der seine Kämpfer zur Raserei anfeuern konnte, um sie in den heiligen Krieg zu führen. Carville besaß die Begabung, andere für seine eigenen Ideen einzuspannen. Folgerichtig stilisierte er Clintons Präsidentschaftskampagne zu einer Schlacht zwischen Gut und Böse (bei der Clinton und seine Anhänger natürliche die gerechten Underdogs darstellten).

Wie wir schon mehrmals erwähnten, beziehen geniale Teams einen Teil ihrer Energie aus der Vorstellung übermächtiger Widersacher. (Die heutige Computerindustrie scheint Bill Gates von Microsoft zu ihrem Feindbild erkoren zu haben.)

Im Kriegsraum ist Carville zu sehen, wie er am Vorabend einer entscheidenden Wahlversammlung ortsansässige Freiwillige anfeuert; er wettert gegen die schmierige kleine Verschwörung der regierenden Republikaner, von Präsident Bush bis hin zu der prominenten Modedesignerin Georgette Mosbacher. Die Rede ist in sich nicht ganz folgerichtig, insbesondere, was Frau Mosbacher betrifft, aber es klingt irgendwie glaubwürdig. Es ist ein leidenschaftlicher Aufruf, diesen Status quo zu überwinden – Schluß mit den Pelzmänteln und Lamborghinis für Georgette und all ihre überprivilegierten Konspiratoren! Carville hat einmal behauptet, er verwandele jede Wahlkampagne in einen Klassenkampf. Clintons Anhänger waren die anständigen kleinen Leute, die nicht nur die Wahl gewinnen, sondern die Zukunft vor all den fetten Hyänen retten würden, die den gewöhnlichen kleinen Bürgern das Rückgrat brachen. »Denkt daran, wenn eure Gelenke schmerzen und eure Füße kalt sind«, predigte Carville. »Vergeßt nicht, wer hier der wirkliche Feind ist; vergeßt nicht, gegen wen wir kämpfen.«

Die richtige Botschaft zu finden, war ein essentieller Baustein von Clintons Erfolg. Carville bestand darauf, sie müsse einfach sein, und er wußte auch, wie sie lauten sollte. Er hatte sie auf ein Schild geschrieben und im Kriegsraum angebracht: »The economy, stupid!«

Aber genauso wichtig für Clintons Erfolg war die starke Betonung des Wandels. Wie Clinton und sein Team lange vor Bush und dessen Beratern erkannten, hatten die Amerikaner 1991 das Vertrauen in die Regierung verloren. »Change versus more of the same« (»Wandel – oder dasselbe wie gehabt, nur mehr davon«), lautete deshalb eine weitere Botschaft, die Carville im Kriegsraum an die Wand pinnte. (»Don't forget health care« – »Vergeßt nicht die Gesundheitsversorgung« war die dritte). Bei der Dämonisierung, die Carville so gekonnt betrieb, schimpfte er Bush ein »Fossil von gestern«. »Er stinkt nach gestern«, schnaufte Carville. »Dieser Gestank von gestern ist nicht mehr auszuhalten! Er ist so von gestern, daß ich einen alten Kalender mit George Bushs Gesicht vor mir sehe, wenn ich an gestern denke!«

Carvilles Rhetorik sollte uns daran erinnern, wie mächtig die leider unterschätzte Kunst der Überredung bei jeder Art kollektiven Verhaltens wirkt. Die Menschen lassen sich nicht unbedingt von der Vernunft leiten. »Der Kopf hat bei politischen Auseinandersetzungen bis jetzt noch nie den Bauch geschlagen, und ich bezweifle, daß er es jemals tun wird«, schreibt Carville in *All's Fair*. Die Clinton-Mitarbeiter besaßen die Fähigkeit, die Emotionen und Sehnsüchte einer zunehmenden Zahl von Wählern anzusprechen. Dieser Appell an das Gefühl ist nicht grundsätzlich schlecht, er wird es nur dann, wenn die dahinterstehenden Motive unlauter sind. Verantwortungsvoll eingesetzt, ist emotionale Ansprache das, was den beredsamen von dem lediglich redegewandten Redner unterscheidet.

Clinton und sein Team fanden Worte und Bilder, die dem profunden und weitverbreiteten Bedürfnis nach Veränderung entsprachen und Hoffnung auf Erneuerung weckten. Auch innerhalb des Teams gelang es Carville, die Energie seiner Mitarbeiter auf Höchststand zu halten, sie auf ihre Mission einzuschwören, die Welt zu verändern und ihre persönlichen Interessen der guten Sache unterzuordnen.

Geniale Teams formieren sich aufgrund einer echten Herausforderung, die den intelligenten und begabten Teammitgliedern den höchsten Einsatz wert ist. Viel von diesem Enthusiasmus spiegelt das urmenschliche Vergnügen am Lösen schwieriger Rätsel wider. Der Drang zum Forschen, Entdecken und Raten ist der Seele unserer Spezies so nahe wie die Sprache – in der Tat könnte die Sprache wegen ihrer Notwendigkeit zur gemeinsamen Problemlösung entstanden sein. Clintons Team war sowohl getrieben von dem, was es als edles Ziel betrachtete, wie auch von dem unbändigen Vergnügen, den Gegner auszufuchsen.

Das Frühjahr 1992 brachte die Nominierung Clintons durch seine Partei. Von der Präsidentschaft war Clinton aber noch weit entfernt. Perot, dessen Kampagne sich unerwartet erfolgreich gestaltete, zwang Clinton, an zwei Fronten zu kämpfen. Er sah sich sowohl mit dem amtierenden Opponenten Bush konfrontiert als auch mit dem Populisten Perot, der zu allem Überfluß das Thema »Veränderung« besetzt hatte. Clinton hatte vor der demokratischen Wahlversammlung im Juli zwei persönliche Zusammenstöße mit ihm.

Zunächst gab es jedoch andere Probleme: Gennifer Flowers trat mit detaillierten Angaben über ihre Liebesaffäre mit Clinton an die Öffentlichkeit. Sie war die »Leiche im Keller«, deren plötzliches Auftauchen Clintons Team schon lange befürchtet hatte. Dann kam Clintons Eingeständnis, den Militärdienst während des Vietnamkriegs »umgangen« zu haben, was das öffentliche Mißtrauen gegenüber seiner Integrität zusätzlich verschärfte. Generell hing ihm der wenig schmeichelhafte Ruf an, nichts anderes als ein weiterer »dieser Politiker« zu sein. Diese Zuordnung zur »Politikerkaste« samt zugehöriger Implikationen war fatal. Denn der augenblickliche Held Perot schien als Außenseiter der Politik am ehesten für einen Wandel der bisherigen Zustände zu stehen.

Clintons Mitarbeitern war klar: Ihr Mann hatte ein riesiges Problem zu überwinden. Sie begannen es in der für geniale Teams klassischen Manier zu lösen – mit Phantasie, technologischem Raffinement, besessener Hingabe und – was am wichtigsten war – kooperativ. Geniale Teams wirken ansteckend, sie inspirieren auch andere. So fand die Medienberaterin Mandy Grunwald (die »Wadenbeißerin im Chanelkostüm«) den perfekten Namen für die Top-Secret-Operation, die schließlich Clintons Kandidatur wieder auf Kurs brachte: das Manhattan-Projekt. Wie beim Bau der ersten Atombombe wurden die Mittel zum Erfolg im Reservoir der Wissenschaft gesucht – in diesem Fall die kaum verstandene Komplexität der Meinungsforschung. Ebenfalls wie das ursprüngliche Manhattan-Projekt arbeiteten die Clinton-Strategen gegen die Zeit und waren sich der Gefahren durch vorzeitige Verlautbarung stets bewußt. Manhattan-Projekt war deshalb ein Insidername für ihr Unternehmen, das nach außen die unverbindliche Bezeichnung »Allgemeines Wahlprojekt« erhielt.

Stan Greenberg, ehemals Wissenschaftler, jetzt politischer Berater, übernahm die wissenschaftliche Seite der Top-Secret-Operation. Er benutzte Themengruppen (Focus Groups) und Kontrollgruppen (sogenannte Dial Groups), die über eine entsprechende Skala den Grad ihrer Zustimmung oder Ablehnung ausdrücken konnten, um herauszufinden, was die Wähler wirklich über Clinton dachten. Das traurige Resultat: Die Teilnehmer sahen Clinton genauso, wie seine politischen Feinde ihn porträtiert hatten – als einen »Slick Willie«, einen aalglatten Erfolgstyp, einen schwer zu fassenden Mann von fragwürdigem Charakter. Ein Teilnehmer äußerte: »Fragt man Clinton nach seiner Lieblingsfarbe, so lautet seine Antwort ›kariert‹.« Die Untersuchung bestätigte die schlimmste Befürchtung des Wahlteams: Viele Menschen hielten Clinton für einen politischen Insider und damit kaum unterscheidbar von George Bush.

Greenberg faßte die Ergebnisse in einem Memo zusammen: Weder die außereheliche Liebesaffäre noch der »fehlende« Militärdienst stellten Clintons Hauptproblem dar. Auch die Frage, ob der Kandidat jemals Marihuana geraucht hatte oder nicht, interessierte nicht weiter. Die größte Hürde – wie Greenberg erkannte – war Clintons Image als »typischer Politiker«.

Nachdem klar war, was die Wähler wirklich über Clinton dachten, testete dessen Team systematisch, welche Informationen sein Bild in der Öffentlichkeit verbessern würden. In Zusammenarbeit mit Grunwald fand Greenberg heraus, daß eine sorgfältig bearbeitete Darstellung der Lebensgeschichte Clintons mit sympathischen Einzelheiten seine Attraktivität immens steigern würde. Deshalb erzählten sie den Testpersonen folgendes über Clinton: die Kleinstadtso-

zialisation, den Halbwaisenstatus, den gewalttätigen Stiefvater und Clintons Weigerung, seine Machtbefugnisse als
Gouverneur auszunutzen, um den Bruder vor einer Gefäng-
nisstrafe wegen Drogenbesitzes zu bewahren. Viele waren
erstaunt, daß Clinton kein Sohn wohlhabender Eltern, sondern ein Kind der Arbeiterklasse war. Sie wußten auch
nicht, daß Hillary und er eine Tochter namens Chelsea hatten. In den Dial Groups, bei denen die Teilnehmer das Maß
ihrer Zustimmung oder Mißbilligung mit Hilfe einer Skala
ausdrücken konnten, schnitt Clinton immer dann positiv
ab, wenn es um seine persönliche Geschichte ging. Das
Team kam zu dem Ergebnis, man müsse Clinton zuerst »de-
politisieren« und seine menschlichen Züge hervorheben, bevor die Amerikaner beginnen würden, sich für seine Botschaft zu interessieren.

Eine weitere wichtige Aufgabe des Clinton-Manhattan-
Projekts bestand in der Feinabstimmung von Clintons Botschaft. Im Rückblick ist offensichtlich, daß ein Grund für
Bushs Niederlage seine Unfähigkeit war, eine klare und positive Botschaft zu artikulieren. (Es ist allerdings fraglich,
ob irgendeine Botschaft etwa das Bild eines perplexen Bush
ausgelöscht hätte, der einen Supermarktscanner wie ein Objekt von einem fremden Planeten anstarrt – ein Bild, das
letztlich dazu beitrug, Bushs Chancen drastisch zu reduzieren.) Clintons Team erkannte, daß die richtige Botschaft die
Köpfe *und* die Herzen der amerikanischen Wähler gewinnen mußte. Dazu Carville: »... Sie muß echt sein, sie muß
klar sein, es muß unbedingt einen Bösewicht geben und vor
allem: sie muß optimistisch sein!«

Carville verstand auch instinktiv, daß wahre Führungspersönlichkeiten Händler von Hoffnung und nicht von Ängsten
sein müssen.

In der Tat instruierte er Clinton und seine Frau, bevor die beiden in der Sendung »60 Minutes« (vergleichbar mit der Sendung »Spiegel TV«) mit der Flowers-Affäre aufräumen sollten: »Erinnern Sie sich an das Wort des Konfuzius: Ein Führer muß Hoffnungen verkaufen.« Und seinen Teamkollegen hämmerte er ein: »Wir müssen den Leuten erklären, daß irgend etwas in diesem Land nicht in Ordnung ist. Dennoch muß Bill Clinton bei allem, was er von sich gibt, lächeln. Er ist ein optimistischer Typ, der den Leuten das Gefühl vermittelt, er könne dieses Land verändern. Wir werden wieder auf die Füße kommen! Es gibt eine Lösung!« In Carvilles Schema waren die Bösewichte (einschließlich Bush und Perot) diejenigen, die das ganze System nur zum Vorteil einiger Privilegierter manipuliert hatten. Aber Clinton würde dafür sorgen, daß Politik wieder für alle da sei. Eine einfache, optimistische Botschaft! (In *Leading Minds* schreibt Howard Gardner, um Erfolg zu haben, müßten politische Botschaften auf den geistigen Stand eines Fünfjährigen zugeschnitten sein.)

Daß Clinton ausgerechnet in Hope, einer kleinen Stadt in Arkansas, aufgewachsen war, schien fast zu prosaisch, um wahr zu sein. Er nutzte diesen günstigen Zufall der Geschichte am Ende seiner Rede beim Parteitag der Demokraten 1992 auf brillante Art, als er der jubelnden Menge zurief: »Ich glaube noch immer an einen Ort namens Hoffnung.« Wie alle übrigen Strategien, so handelte es sich auch bei dieser Rede selbstverständlich um eine Gemeinschaftsarbeit. Die Metapher vom »Ort namens Hoffnung« stammte übrigens von Hillary Rodham Clinton.

Originalität ist eine maßgebliche Charakteristik genialer Teams. Normalerweise heißt die Regel beim Aufbau eines politischen Images: Risiken vermeiden. Doch Grunwald plädierte erfolgreich dafür, den Kandidaten auch in die weniger traditionellen Medien einzuschleusen, um ihn dort seine Botschaft verbreiten zu lassen. Clinton schrak nicht davor zurück, in Fernsehshows aufzutreten, die nie zuvor ein Präsidentschaftskandidat auch nur in Erwägung gezogen hätte. Bei MTV gab er Auskunft bezüglich seiner Vorlieben in Sachen Unterwäsche (Boxer-Shorts), und in der Arsenio Hall Show spielte er »Heartbreak Hotel« auf dem Saxophon. Im früheren Stadium der Kampagnen hatten seine Berater die von ihm bevorzugten knallbunten Krawatten verschwinden lassen und ihm kurzerhand konventionellen Halsschmuck verordnet; für den unkonventionellen Arsenio-Hall-Auftritt jedoch liehen ihm Dee Dee Myers und die übrigen Kostümverwalter eine Krawatte aus Arsenios Privatschatztruhe. Clinton sorgte sich, Ray-Ban-Brillen könnten vielleicht schon passé sein, entschloß sich aber dann doch, eine zu tragen. Wie Carville gerne sagt, Disraeli zitierend: »Ein guter Führer kennt sich selbst und die Zeit, in der er lebt.«

Diese Detailbesessenheit ist typisch für geniale Teams. Clinton unterschied sich in diesem Punkt auch nicht von seinen Mitarbeitern. Jeder Fernsehspot wurde minutiös in allen Nuancen überprüft. Sämtliche Mitglieder des Teams hatten den Ehrgeiz, ihr Produkt perfekt in Szene zu setzen. Vor dem Auftritt in »60 Minutes« machte Grunwald darauf aufmerksam, daß nicht der gewohnte Moderator die Sendung leiten würde, sondern der Newcomer Steve Kroft. Kroft – so dachte sie – würde sich wahrscheinlich in Szene zu setzen versuchen, indem er härtere Fragen als üblich stellte. Grunwald schlug vor, die Sätze möglichst oft mit der Anrede »Steve« einzuleiten, um ihm auf diese Weise möglichst lange Redezeiten abzugewinnen und Krofts Ego milder zu stimmen.

Selbstverständlich läßt sich eine Präsidentschaft nicht herstellen wie ein Film oder ein Computer, aber vergleichbar ist die Zusammenarbeit eines genialen Teams. Clintons erfolgreicher Wahlkampf war das Werk eines Teams, das ähnliche Charakteristika aufwies wie jene bemerkenswerte Gruppe, die die havarierten Astronauten der Apollo 13 nach Hause zurückbrachte. Wie Flugkommandeur Jim Lovell in seinem Buch *Lost Moon* aufzeichnet, schwebte die Besatzung wegen einer mysteriösen Explosion an Bord fünf Tage lang in Lebensgefahr. Die Männer konnten nur deshalb sicher zur Erde zurückkehren, weil Hunderte von Menschen, einschließlich der Astronauten und ihres NASA-Support-Teams auf der Erde, in der Lage waren, eine Serie komplexer technischer Probleme schnell, intelligent, gelassen und kooperativ zu analysieren und zu lösen. In Ron Howards Film *Apollo 13*, der auf Lovells Buch basiert, ist jene Szene ganz besonders aufregend, in der die NASA-Ingenieure herausbekommen, wie man das beschädigte Luftreinigungssystem an Bord des Raumschiffs mit Materialien reparieren kann, die an Bord vorhanden sind. Über Sprechfunk dirigieren sie die gefährdete Besatzung Schritt für Schritt durch alle Einzelheiten des Reparaturvorgangs. Eine beeindruckende dramaturgische Inszenierung einer außergewöhnlichen Gruppenleistung und der freudigen Begeisterung, die alle dabei empfanden.

Im Fall von Apollo 13 hingen buchstäblich drei Leben von der Fähigkeit der Gruppe ab, schnell schwierige Entscheidungen zu treffen und in die Tat umzusetzen (die Crew sah sich, neben anderen Gefahren, unmittelbar vom Erstickungstod bedroht). Warum gelingt es Gruppen in der Regel besser als einzelnen Individuen, zu umfassenden Entscheidungen zu gelangen? Vielleicht deswegen, weil mehr

Vorschläge eingebracht werden, aussichtslose Ansätze dagegen sich rascher aussondern lassen; verschiedene Teilnehmer mögen eher in der Lage sein, eine Idee weiterzuverfolgen, auf die sie allein gar nicht gekommen wären. Interner Wettbewerb regt zu Einfallsreichtum an. Vielleicht profitiert eine Gruppe außerdem davon, daß die Gesamtverantwortung für die Ergebnisse nicht einer allein zu tragen hat – was sich gewöhnlich als hemmend erweist. Dies sind alles Gründe, weswegen gerade Gruppen zur relativ schnellen Lösung komplexer Probleme bestens geeignet sind.

Geniale Teams neigen weniger zu Bürokratismus als durchschnittliche Gruppen. Hochbegabte Experten haben selten viel Geduld mit den Mitgliedern des mittleren Managements. Sie richten sich nicht nach Titeln – sie orientieren sich an Rollen und Funktionen. Wer eine bestimmte Aufgabe am besten bewältigen kann, führt sie auch aus. Wirklich demokratisch sind geniale Teams deshalb aber kaum. Fast immer haben starke Führungspersönlichkeiten ihre Hand im Spiel. Irgendwer muß schließlich die Operation in Gang halten und vor allem auf Kurs. Clinton hatte eine ungewöhnliche und schwierige Rolle gegenüber seiner Mannschaft, weil eine seiner Obliegenheiten darin bestand, »schmerzliche Entschlüsse« zu fassen – sich selbst und seine Familie betreffend. Clinton hörte sich an, wenn auch mitunter nicht gern, was sein Team ihm mitteilte. Auf diese Weise war er immer bestens informiert – von schönfärberischem Geschwätz jedoch verschont.

Ein Präsidentschaftskandidat ist sowohl eine Figur des öffentlichen Interesses als auch ein Mensch aus Fleisch und Blut. Was Clinton betrifft, so hatte sein Team trotz dessen offenkundiger Schwächen enormes Glück mit ihm – erwies er sich doch stets als aufmerksam und lernfähig. Als er zum

Beispiel 1980 unvorhergesehen seine Gouverneurskandidatur verlor, setzte er sich ins Auto und bereiste den Staat Arkansas, um die Gründe für seine Niederlage herauszufinden. Er hörte sich nicht nur die harte Kritik vieler seiner früheren Stammwähler an, er ging einen Schritt weiter: Er änderte sein Verhalten. Er ließ sich beispielsweise das Haar schneiden und gab seinen Widerstand gegen die Todesstrafe auf. Als die Clintons erkannten, daß die Wähler negativ auf die Beibehaltung von Hillarys Mädchennamen reagierten, beschloß diese, sich bei öffentlichen Veranstaltungen fortan als Mrs. Clinton ansprechen zu lassen.

Im Laufe der 92er-Kampagne akzeptierte Clinton – wenn auch unter Vorbehalten – den Rat seiner Strategen, Hillary Rodham Clinton im Hintergrund zu halten, weil sie in der öffentlichen Meinung auf Ablehnung stieß. Ungeachtet seiner Abneigung, private Dinge öffentlich zu enthüllen, folgte er wiederum der Empfehlung, über seine Herkunft und seinen Werdegang zu reden, auch – bis zu einem gewissen Grad – über seinen gewalttätigen Stiefvater. Als jemand, der es liebt, Ideen in all ihrer Komplexität zu sondieren, unterwarf sich Clinton dennoch der strategischen Weisheit, Wahlbotschaften einfach, eindeutig und allgemeinverständlich zu halten.

Die Anwerbung Al Gores erwies sich als mitentscheidend für Clintons Sieg. Von Mario Cuomo bis zu Bill Moyers hatte Clinton mehr oder weniger jeden als seinen Staffelpartner ins Auge gefaßt. (Sculley wurde von der Gruppe abgelehnt, als sie erfuhr, daß er bereits dreimal verheiratet gewesen war.) Clinton setzte aber schließlich auf Gore, den staatsmännischen Senator aus Tennessee. Dies widersprach der gängigen Konvention, der Vizepräsident müsse einen Ausgleich zum Präsidentschaftsbewerber schaffen, indem er sich so deutlich wie möglich von diesem abhob. Gore dagegen war Südstaatler, etwa im gleichem Alter wie Clinton und stand dessen Wertvorstellungen nahe. Ebenfalls ein Demokrat neuen Selbstverständnisses, teilte Gore Clintons Vision. Aber die Nominierung Gores nutzte der Kampagne auf nicht zu unterschätzende Weise. Einen Mann von Gores Format auszuwählen, der eventuell sogar einen besseren Präsidenten abgeben würde als er selbst, das wurde Clinton in weiten Kreisen als Beweis seines Selbstvertrauens und seiner Prinzipienfestigkeit zugute gehalten. Ein brillanter Schachzug – und einer, der Clinton unmittelbar das Rückgrat stärkte und ihm eine präsidiale Statur verlieh – auch in den Augen vieler Zweifler.

Als Wahlkämpfer wirkte Gore unverbesserlich steif (in der 96er-Kampagne überspielte er diese Eigenheit erfolgreich mit Witzeleien über seinen Tanzstil beim »Macarena«). Doch seine Fernsehdebatte mit dem Bush-Kandidaten Dan Quayle und Admiral James Stockdale, Ross Perots zweitem Mann, bewältigte er mit Bravour. Bush war zwar gedrängt worden, Quayle zu entlassen, aber der Präsident hing an seinem Vizepräsidenten, obwohl dieser im Rufe eines extremen Konservativen von bescheidenem Intellekt stand. (Seine Eigenart, beim Aussprechen des Wortes »potato« stets ein »e« anzuhängen, wurde gern parodiert.) Aus der letzten Wahlanalyse läßt sich folgern, daß die Nominierung Gores die Wählerstimmung zugunsten Clintons beeinflußt hat.

Als Team demonstrierten Clinton und Gore während der gesamten, übrigens neu eingeführten 1000-Meilen-Bustour, die die letzten Wochen der Kampagne markierte, ein echtes Vertrauensverhältnis – was zur beabsichtigten Betonung der menschlichen Züge des Kandidaten beitrug. (Auch die Idee

mit der Bustour war von der Gruppe gemeinsam ausgebrü-
tet worden. Wahlmanager David Wilhelm hatte den zündenden Einfall.)

Während des gesamten Wahlkampfes verließen sich die
Clintons auf den Rat ihrer medienerfahrenen Freunde und
Helfer. In jenem Bus fuhren Clinton, Gore und deren Familien dorthin, wo sich jahrelang kein Präsidentschaftskandidat hatte blicken lassen – in die kleinen Städte im Innern
des nordamerikanischen Kontinents. Die Menschen dräng-
ten sich zu Tausenden, um den Mann zu sehen, der verspro-
chen hatte, ihnen ihr Land zurückzugeben. Hier war der
voraussichtliche Präsident, der so jugendlich wirkte wie
Kennedy – ein Mann, der im Bus Rommé mit seiner Frau
spielte, der die Musik Bonnie Raitts mochte und der sich
nicht übermäßig aufregte, wenn Babys sich auf seinen teuren blauen Anzug erbrachen. Clinton schien während dieser
aufreibenden letzten Wochen des Kampfes eher erfrischt –
bestärkt durch die Begegnung mit Menschen, die ihre Hoffnung in ihn setzten: »Wenn man in ihre Gesichter schaut,
dann merkt man, wie sie wieder etwas zulassen, was sie sich
lange versagt haben: den Glauben an etwas.«

John Emerson, Angehöriger des Beraterkreises im Weißen Haus, der die Clinton-Kampagnen in Kalifornien 1992
und 1996 führte, wies darauf hin, daß bei einer Fokussie-
rung auf den Kriegsraum und sein Team andere sehr entscheidende Faktoren zu Clintons Sieg '92 übersehen werden. Clinton besaß in den meisten Staaten eine erstklassige
Organisation. Zwar legten der Kandidat und sein Kriegs-
raumteam jeweils die Botschaft des Tages fest. Aber, so
Emerson, es sei Sache der einzelnen Staaten gewesen, die
Botschaft so zu präsentieren, daß sich die Medien gezwungen sahen, die Berichterstattung im Sinne des Kandidaten

zu übernehmen. Diese Lektion hatte Clinton von den Republikanern gelernt. »Reagan hat das 1984 zwar sehr gut gemacht«, sagt Emerson, »aber Clintons Wahlkampf war die erste demokratische Kampagne, bei der die Botschaft König war, indem sie unangetastet blieb.«

Sobald die Staaten die Botschaft des Tages wußten, konnten sie diese in einer Form propagieren, die der örtlichen Situation jeweils angemessen war. Emerson erinnert sich, wie die kalifornischen Demokraten Quayles Attacke auf Murphy Brown, eine alleinerziehende Mutter aus einer TV-Komödie, ausnutzten, indem sie »Pro-Murphy-Brown-Partys« überall in Kalifornien organisierten. TV-Nachrichtencrews tauchten bei einigen dieser Partys auf und verwandelten die republikanische Attacke auf liberale Werte in ein Plus für Clinton. »Wir haben immer nach solchen Gelegenheiten Ausschau gehalten«, sagt Emerson. »Die Kampagne war zwar zentralisiert, aber in gewisser Weise auch dezentralisiert, und ich finde, darin bestand die Zauberformel!«

Emerson nennt noch verschiedene andere Faktoren für Clintons Erfolg, die eher unterbewertet wurden, zum Beispiel die Rolle Mickey Kantors, der zwar nationaler Vorsitzender der Kampagne war, im Kriegsraum jedoch lediglich eine Nebenrolle spielte. Tatsächlich leistete Kantor überaus wichtige Beiträge, unter anderem durch sein großes Engagement bei der Geldbeschaffung. Er setzte aber auch in Verhandlungen mit den Fernsehanstalten eine Regie bei politischen Debatten durch, wobei Clinton glänzen konnte.

Emerson würdigt auch die Verteilerorganisation der verfügbaren Mittel, entwickelt von Eli Segal, dem Stabschef der Kampagne, und David Wilhelm. »In der Vergangenheit haben die Kampagnen einfach die landesweiten Fernsehspots gekauft; egal, wo man lebte, man sah überall die gleiche Wahlwerbung«, erklärt Emerson. »Unsere Kampagne kaufte sich regional ein. Wenn wir also 15 Punkte Vorsprung in Kalifornien hatten, dann mußten wir nicht die zusätzlichen Kosten für TV-Spots in dieser Region tragen. Wir ließen die Spots nur dort ausstrahlen, wo ein echtes Schlachtfeld existierte. Auf der anderen Seite: Wenn Texas offensichtlich verloren war, warum sollten wir dann Zeit und Geld verschwenden, um dort zu werben?«

Schließlich, so betont Emerson, sollte man nicht die Wichtigkeit dessen unterschätzen, was sich im mit Presseleuten bepackten Flugzeug des Kandidaten abspielte. Wich der Kandidat etwa von der Wahlbotschaft ab oder behandelte ein anderes Thema zu dürftig, dann wurde das zur Story des Tages, ganz gleich, was das Hauptquartier beschlossen hatte. Der Kriegsraum war sicherlich »das Herzstück der Kampagne«, gibt Emerson zu, »aber er war dennoch nur eine von fünf wichtigen Komponenten«.

Ein besonderer Reiz genialer Teams liegt in ihrer Intensität. Carville und andere Teammitglieder sprechen von einer fast sexuellen Erregung, die mit der Präsidentschaftskampagne einherging. Das Kampagnenhauptquartier vibrierte förmlich vor Leidenschaft, Angst und anderen mächtigen Gefühlsregungen. Der Alltag schien sehr weit entfernt. Rückblickend können die Mitglieder genialer Teams ihre Erfahrungen meist detailgetreu wiedergeben. In ihrer Erinnerung wirkt die Teamarbeit wie eine kurze, aber wundervolle Sommerromanze. »Es war ein romantischer Sommer«, schreibt ein ehemaliges Mitglied eines genialen Teams, »aber das ist in Ordnung. Schließlich gehören Sommerromanzen zu den schönsten Dingen, die einem im Leben passieren.« Die Erlebnisse eines genialen Teams erscheinen immer wie in Technicolor gefilmt – und das Leben danach so trüb wie ein Schwarzweißfilm.

Clintons 92er-Kampagne führte zur ersten demokratischen Präsidentschaft seit Jimmy Carter und zu einem neuen nationalen Optimismus. Wenn sich Stephanopoulos an den Kampf erinnert, dann nur an dessen positive Aspekte – die permanente Anspannung, die Sechzehn-Stunden-Tage – all das bleibt ausgeblendet. Am Abend des Sieges dankte er dem neuen Präsidenten. »Es war das Beste, was ich je getan habe«, gestand er. Carville trieb der Sieg Clintons und der Erfolg seines eigenen Teams Tränen in die Augen. »Wir haben etwas Großartiges ermöglicht. Wir haben die Art und Weise verändert, einen Wahlkampf zu führen«, sagte er, bevor ihn die Rührung überwältigte. Auf seine bodenständige Art eloquent, fand er schließlich die schönsten Worte für die langwierige Schinderei: »Es gibt einen einfachen Lehrsatz«, sagte er. »Außer der Liebe ist die heiligste Sache, die ein Mensch geben kann – seine Arbeit.«

Obwohl Clintons Wahl 1992 einem historischen Triumph gleichkommt und ein herausragendes Beispiel kreativer Zusammenarbeit darstellt, verliefen die ersten Jahre seiner Präsidentschaft weniger gut. Clinton und viele seiner Kampagnenhelfer, die ihm ins Weiße Haus gefolgt waren, waren Washington-Neulinge, unbedarft gegenüber den besonderen Prozeduren, unsensibel für die traditionellen Rituale und Vorrechte. Clintons Scheitern bei der Reform des Gesundheitswesens und andere Rückschläge machten die erste Hälfte seiner Amtsperiode im Urteil eines Politikwissenschaftlers zu einer »two years amateur hour«. Der Vorsprung der Republikaner bei den Kongreßwahlen 1994 wurde dann auch als Ablehnung des Präsidenten interpretiert. »Bill Clinton ist der erste Präsident in der Geschichte, der niemals Flitterwochen hatte«, bringt Emerson zu Clintons Verteidigung vor. Ein erstmaliger Präsident brauche einige Zeit im Amt, bevor er in der Lage sei, es zu meistern. Die Republikaner im Kongreß, die es gewohnt waren, das Weiße Haus fest im Griff zu haben, begannen sofort, den jungen Präsidenten zu attackieren. Überdies fehlte Clinton die Unterstützung einiger Gesetzgeber seiner eigenen Partei, die ihm die Erringung des höchsten nationalen Amtes schlicht mißgönnten.

Emerson räumt ein, die Kommunikation der neuen Clinton-Regierung habe mitunter versagt. In seinen Augen beging Clinton einen großen Fehler, als er die Reaktion der mächtigen Washingtoner Presseagenturen auf die Verweigerung des freien Zutritts zu bestimmten Teilen des Weißen Hauses unterschätzte. Er meint auch, Clinton sei schlecht beraten gewesen, das Thema »Homosexualität beim Militär« als ersten Punkt seiner Agenda zu behandeln. Vielleicht bestand das Problem einfach darin, daß Clinton die Erwartungen, die er während der Kampagne derart hochgeschraubt hatte, als Präsident nicht einlösen konnte. Eine Nation zu regieren stellt völlig andere Anforderungen als eine Wahl zu gewinnen. Wie der ehemalige Gouverneur des Staates New York – Mario Cuomo – einmal sagte: »Wahlkampf ist Poesie, Regieren Prosa.« Regieren erfordert nicht nur andere Fähigkeiten, es verlangt unter Umständen auch anderes Personal. Menschen, die in der elektrisierenden Atmosphäre eines »Kriegsraums« brillieren, sind wohl für die unbarmherzige Routine des Regierens schlecht ausgerüstet.

1996, bei der Kampagne zu seiner Wiederwahl, sah sich Clinton einer völlig anderen Herausforderung gegenüber. Als Amtsinhaber konnte er jetzt schlecht nach revolutionärer Veränderung rufen – und damit seiner eigenen Admini-

stration entgegenwirken. Die Rolle des politischen Außen-
seiters paßte auch nicht mehr. Glücklicherweise gab es keine
Opposition innerhalb der demokratischen Partei, und die
republikanischen Kandidaten hatten sich bereits gegenseitig
gründlich demontiert, bevor schließlich Bob Dole, ein
Mann mit wenig Charisma, in Erscheinung trat. Dole betrat
die Arena mit kläglichen finanziellen Mitteln. Dazu brachte
er zwei Handicaps mit: sein hohes Alter – er war damals
dreiundsiebzig – und seine Verbindung zu dem unbeliebten
Sprecher der Republikaner, Newt Gingrich. Dennoch konnte er – genau wie Clinton 1992 – seine Position mächtig
verbessern, weil er mit seinem Vizepräsidentschaftskandi-
daten eine kluge Wahl traf. Jack Kemp, der fähige, kämpfe-
rische und beliebte frühere Minister für Wohnungsbau und
Stadtentwicklung, war in der Lage, Doles Hauptthema – die
Verringerung der Steuern – überzeugend zu unterstützen.
Als ehemaliger Captain der National Football League
machte Kemp sich einen Spaß daraus, während seiner Wahl-
auftritte Fußbälle zu werfen, was einen von Doles Mitarbeitern zu der Bemerkung veranlaßte, wie gut es sei, daß Kemp
kein Speerwerfer sei.

Als der Zeitpunkt der Wahl nahte, sah es so aus, als ob
sogar die gerade sich erholende US-Wirtschaft hinter Clinton
stehe. Aber wieder einmal war er kein sicherer Kandidat.
Die Untersuchung möglichen finanziellen Fehlverhaltens des
Präsidenten oder seiner Frau im Whitewater-Grundstücks-
skandal kam nicht von der Stelle. 1996 wollte Clinton unbedingt die Fehler vermeiden, die Bush 1992 als amtierender
Präsidentschaftskandidat gemacht hatte. (»Es ist die Amts-
inhaberschaft, du Dummkopf!« lautete nun der populäre
Slogan.) Im Gegensatz zu Bush wußte Clinton, daß es bei
einem Wahlkampf um die Präsidentschaft niemals mit einem

Zwei-Monats-Sprint getan ist. Schon frühzeitig begann er, die Kampagne vorzubereiten. Ab Mitte 1995 traf er sich einmal wöchentlich mit seinen wichtigsten Strategieberatern in den Familienräumen des Weißen Hauses.

Während der gesamten Kampagne baute sich Clinton zunehmend als Politiker der Mitte auf, allerdings auf einem Feld, das konservative Republikaner weit nach rechts gerückt hatten. Einige hielten Clintons Rechtsruck allerdings für zu extrem. (Sein ehemaliger Redenschreiber Paul Begala äußerte dies sogar öffentlich und wurde deshalb kurzerhand aus der Wiederwahlkampagne ausgeschlossen.)

Glaubt man Doyle McManus, Chef des Washingtoner Büros der *Los Angeles Times*, dann hat sich Clinton 1996 nicht als Reformer, sondern als jemand, der sich anpaßt, in den Wahlkampf begeben. Clinton erklärte in seinem »Bericht zur Lage der Nation 1996«, die »Era of big government« sei vorüber. In Umkehrung seiner bisherigen Haltung sprach er sich für ein ausgeglichenes Budget aus.

In den Monaten vor der Wahl schien es, als hätte Clinton vieles aus der republikanischen Agenda übernommen, einschließlich seiner Betonung der Familienwerte. Während ein Teil seiner Anhänger Clintons Abrücken von Themen wie Gesundheitswesen bis hin zur Übernahme der konservativen Rhetorik als politisches Raffinement beurteilten, sahen andere die gleichen Programmpunkte, besonders die Entscheidung, staatliche Programme für die Armen zu kürzen, als eine Absage an den Kern und die Idee demokratischer Politik.

Clinton stellte für die Wahl 1996 ein völlig anderes Team zusammen, nur George Stephanopoulos blieb dabei. Greenberg wurde als Chef-Wahlbeobachter von den Meinungsforschern Mark Penn und Douglas Schoen ersetzt, man munkelte, der Präsident werfe ihm vor, ihn 1994 nicht angemessen auf den republikanischen Kurs im Kongreß vorbereitet zu haben. Henry Sheinkopf übernahm den Job von Mandy Grunwald als Medienberater und wurde seinerseits gegen Bob Squier ausgetauscht. Auch James Carville, der 1992 soviel von sich reden gemacht hatte, war 1996 nicht mehr im Team.

Im Sommer 1996 war die Beratertruppe, die sich zum wöchentlichen Treffen im »Yellow Oval Room« einfand, auf zwei Dutzend angewachsen. Vizepräsident Gore hatte eine Schlüsselstellung innerhalb dieses Kampagnenzirkels, genau wie der Stabschef des Weißen Hauses, Leon Panetta, und dessen Stellvertreter, Harold Ickes. Der bei weitem strittigste Berater bei diesen Sitzungen war Dick Morris, ein Außenseiter, der seine Karriere als Demokrat begonnen, jedoch in letzter Zeit häufiger republikanische Kandidaten beraten hatte.

Morris hatte 1982 den jungen Clinton zum »Comeback-Kid« im Rennen um den Gouverneurstitel von Arkansas gemacht, als dieser den 1980 verlorenen Posten zurückeroberte. Die beiden Männer verband ein recht stürmisches Verhältnis. Clinton hatte Morris mehr als einmal hinausgeworfen, und man munkelte, sie hätten sich auch schon geprügelt. In den Monaten vor der Wahlversammlung der Demokraten wandte sich der Präsident – zum Verdruß der anderen Ratgeber – immer öfter an Morris, der ihm beim Entwurf seiner neuen »triangulation-strategy« (Dreiecks-Strategie) half, die ein breites Spektrum von Wählern ansprechen sollte – konservative eingeschlossen.

Sogar Morris' Kritiker lobten dessen Begabung, wahlstatistische Daten in zugkräftige Wahlbotschaften umzusetzen. Aber viele verunsicherte seine Bereitwilligkeit, Fronten zu wechseln, und einige der Clinton-Anhänger und Insider des Weißen Hauses ärgerte es, daß dieser Mann noch in jüngster Vergangenheit (1994) – bemüht um Aufträge republikanischer Kandidaten – sich über die Politik Clintons und dessen persönlichen Charakter in recht abträglicher Weise geäußert hatte. Noch schlimmer fanden einige der liberalen Demokraten seine angebliche Bereitschaft, so ziemlich alles zu tun, um eine Wahl zu gewinnen, selbst Spannungen in der Rassenfrage auszunützen, wie ihm im Zuge seiner Beratungstätigkeit für den republikanischen Senator von North Carolina, Jesse Helms, vorgeworfen wurde (Morris bestritt beide Behauptungen). Einer der Insider verglich Morris gar mit Rasputin.

Dem eher exotischen Carville mit seinen zerschlissenen Jeans und den unvergeßlichen, sendefähigen Sprüchen völlig unähnlich, zog der distinguiert gekleidete Morris wenig Aufmerksamkeit auf sich. Er war ein Hofpolitiker, der zurückgezogen arbeitete und nur dem Präsidenten und dessen Frau Auskunft erteilte. Morris' unscheinbares Profil und seine Rolle in der Kampagne fanden ein abruptes Ende am 29. August 1996, als der Präsident sich anschickte, die demokratische Nominierung in Chicago anzunehmen. Morris legte sein Amt nieder, nachdem Anschuldigungen laut geworden waren, er – ein verheirateter Mann und Berater des Präsidenten in Sachen neuer Familienfreundlichkeit – habe eine langjährige Affäre mit einer Prostituierten gehabt. Besonders schockierend wirkte die Anklage, Morris habe ihr erlaubt, Gespräche zwischen ihm und dem Weißen Haus zu belauschen. Weder bestätigte Morris die Geschichte, noch stritt er sie ab.

Morris' Rücktritt schien keine Wirkung auf Clintons Auftritt am gleichen Abend zu haben, in dessen Verlauf er die Wähler bat, ihm zu erlauben, »die Brücke zum 21. Jahrhundert zu sein« – eine Phrase, die er während der Kampagne ständig wiederholte. Morris machte das Beste aus seiner mißlichen Lage. Eine Woche nach seinem Rücktritt kündigte er ein 2,5-Millionen-Dollar-Buchgeschäft an.

Wie erfolgreich Clintons Gruppe 1996 auch gewesen sein mochte, es hatte wenig von dem, was die Helfer von 1992 zu einem klassischen genialen Team werden ließ: die Energie, das Bewußtsein schlauer Underdogs, einen chaotischen, aber hochgradig funktionalen »Kriegsraum«. 1996 fehlte der jugendliche Optimismus, der Glaube, gemeinsam die Welt verändern zu können. Mitglieder genialer Teams möchten immer das nächste Projekt in Angriff nehmen, nicht das letzte wiederholen. Noch bevor 1996 die Wahlkabinen geschlossen waren, begann ein Team unter dem Medienberater Bob Squier bereits, an einer neuen einmaligen Herausforderung zu arbeiten: Gore als neuen Präsidenten für das Jahr 2000 ins Weiße Haus zu bringen.

Die Skunk Works

Es war eine übelriechende Plastikfabrik in der Nachbarschaft von Lockheed, die zu dem Namen »Skunk Works« anregte, der kurz zuvor in einem zeitgenössischen Comicstrip aufgetaucht war und fortan das Synonym für geheime, bahnbrechende technologische Arbeit darstellte.

In ihren Autobiographien erzählen beide Skunk-Works-Gründer, Clarence L. »Kelly« Johnson und sein Nachfolger, Ben R. Rich, im Grunde die gleiche Geschichte. Johnson war bereits ein legendärer Designer für Flugzeuge, als man ihn 1943 bat, den ersten US-Düsenjäger zu entwickeln, der es mit den ausgezeichneten Maschinen der deutschen Luftwaffe aufnehmen konnte.

Mit dem Argument, den Job nur auf diese Weise in kürzester Zeit ausführen zu können, überredete Johnson seine Lockheed-Vorgesetzten, der Gründung einer Top-Secret-Abteilung innerhalb des Unternehmens zuzustimmen, die Johnson mit einer kleinen Gruppe handverlesener Ingenieure und Mechaniker besetzen wollte. Johnson bekam grünes Licht für eine hochgeheime Operation, die die Unternehmensbürokratie umging und nur Lockheeds Topmanagement und dessen Kunden, vornehmlich dem Army Air Corps, zugänglich war.

Zu dieser Zeit war Lockheeds Burbank-Fabrik bis zum Bersten angefüllt mit Arbeitern und Ausrüstung für die Non-Stop-Produktion von Militärflugzeugen. Johnson entdeckte dennoch eine ungenutzte Fläche neben dem Windtunnel der Fabrik, gerade groß genug, um seinen Elitekader von 23 Ingenieuren, ihn selbst eingerechnet, und 30 Hilfskräften unterzubringen. Sie bauten ihr behelfsmäßiges Quartier aus dem Holz ausrangierter Motorkisten und überdachten es mit einem geliehenen Zirkuszelt. Die Arbeit war so geheim, daß es weder Pförtner noch Sekretärinnen gab. Selbst die Kinder dieser Männer wußten nicht, was ihr Daddy eigentlich tat.

Der Comiczeichner Al Capp, in dessen beliebtem Strip *L'il Abner* der Name *Skonk Works* erstmals auftauchte, hatte einen Charakter namens Injun Joe kreiert, der eine besonders potente Sorte Fusel braute, den er »Kickapoo Joy Juice« nannte. Dazu verwendete er Stinktiere, alte Schuhe und andere unorthodoxen Ingredienzen. Seine Destille nannte sich »Skonk Works«. Eines Tages, kurz nachdem Johnsons Gruppe ins Leben gerufen worden war, meldete sich der Mitarbeiter Irv Culver am Telefon mit »Skonk Works« (keine Sekretärinnen, Sie erinnern sich). Als dem jähzornigen Johnson dies zu Ohren kam, drohte er, ihn zu feuern, aber der Name blieb haften (und Culver arbeitete weiter für die Skonk Works, die ihm ihren Namen verdanken).

Unter der Führung des dreiunddreißigjährigen Johnson machten sich die Lockheed Skonk Works daran, in 180 Tagen den ersten US-Düsenjäger zu entwerfen. Weil sie wie besessen gegen die Zeit arbeiteten, gelang es der Gruppe, einen Prototyp des P-80 Shooting Star noch 37 Tage vor dem Termin zu produzieren. Der Zweite Weltkrieg endete, bevor das Flugzeug in Serie gehen konnte; im Korea-Krieg jedoch wurde die P-80 zum bevorzugten Kampfflugzeug.

17 Jahre nach der Gründung der Skonk Works legte der Herausgeber von Capps Cartoon Widerspruch gegen die Benutzung des Namens durch Lockheed ein. Die Gruppe änderte ihren Namen zu Skunk Works und ließ beides – Namen und Logo (ein wüstes Stinktier mit hochgerichteter Nase) – 1960 registrieren. Als Johnson 1990 im Alter von 80 Jahren starb, veröffentlichte Lockheed in seiner Hauspostille einen Nachruf über eine volle Seite mit der Überschrift »Mach's gut, Kelly« und der Zeichnung eines Stinktiers, über dessen Gesicht eine Träne läuft.

In der geheimen Halle in Burbank produzierten die Skunk Works einige der bemerkenswertesten Flugzeuge, die jemals entwickelt wurden. Diese revolutionären Maschinen schließen Amerikas ersten Überschall-Düsenjet, den F-104 Starfighter, und das hochgeheime Langstrecken-Aufklärungsflugzeug U-2 mit ein, welches der Öffentlichkeit erst bekannt wurde, nachdem die Sowjets eines davon abgeschossen hatten. Unter anderem haben die Skunk Works folgende Flugzeuge entwickelt: SR-71 Blackbird, ein Aufklärer mit dreifacher Schallgeschwindigkeit, und F-117A, der Tarnkappenjagdbomber, bekannt durch seine Rolle im Golfkrieg. (In Richs Dokumentation über den Überraschungsangriff auf Bagdad schreibt einer der Piloten: »Oft genug haben wir gescherzt: ›Sagt uns, ob wir die Damen- oder Herrentoilette treffen sollen, wir machen's prompt!‹«)

Skunk-Works-Gründer »Kelly« Johnson war in mindestens zwei Bereichen ein Visionär: im Entwerfen von Flugzeugen und im Umgang mit Genialität. Johnson schien intuitiv zu wissen, was hochbegabte Menschen brauchten, um ihr Bestes geben zu können, und wie man sie motivieren mußte, um das gewünschte Produkt so schnell und so billig wie möglich herzustellen. Irgendwann hat Johnson einmal die 14 Regeln niedergeschrieben, nach denen sein einzigartig erfolgreiches flugnautisches Laboratorium funktionierte. Sie haben Einsichten zum Inhalt, die sich auf alle genialen Teams anwenden lassen: zum Beispiel umfassende Kontrolle durch den Gruppenführer, Begrenzung der Teilnehmer auf ein Minimum an sehr guten Leuten und Ausschluß von nicht Zugehörigen. Wie der mittlerweile verstorbene Ben Rich, kurz nachdem er Skunk Works 1991 verließ, bemerkte: »Wir lebten und starben nach 14 Grundregeln, die Johnson vor 40 Jahren niedergeschrieben hatte – schon halb pensioniert.«

Johnson (äußerlich W. C. Fields frappierend ähnlich) war durchaus kein perfekter Vorgesetzter. Sein unberechenbares, cholerisches Temperament versetzte die Mitarbeiter oft in Schrecken. Mit zunehmendem Alter verstärkte sich dieser Charakterzug noch, mitunter verhielt er sich derart undiplomatisch, daß einige seiner wichtigsten Kunden, einschließlich der Entscheidungsträger der Air Force, es ablehnten, mit ihm zu verhandeln. Damit war er beinahe ein Unternehmensrisiko, andererseits war er sicher eines von Lockheeds Zugpferden. Bestimmte Eigenschaften Johnsons finden wir allerdings bei fast allen Führern genialer Teams. Er hatte eine Vorliebe für herausragende, ausgefallene Leistungen und besaß ein untrügliches Auge für Talent. Weil er verstand, warum und wie hochbegabte Menschen arbeiten, war er in der Lage, ihnen eine Umgebung zu schaffen, in der ihre Begabung Früchte tragen konnte.

Die Zugehörigkeit zu den Skunk Works galt als große Ehre. E. H. S. (»Blackie«) Shanlian, ein ehemaliges Mitglied der Gruppe, schrieb 1984 an Tom Peters, Johnson wolle nur die allerbesten Leute für sein Team. Wenn dann die Zugehörigkeit zu den Auserwählten beschlossen war, bemühte sich jeder Neurekrutierte, Johnsons Erwartungen nicht zu enttäuschen. Ähnlich war die Auslese im Eagle-Computer-Projekt bei Data General. Die Führung machte jedem potentiellen Anwärter klar, daß nur die Besten als gut genug erachtet würden. Statt hoher Bezahlung und anderer traditioneller Anreize versprachen sie nur zwei Dinge – harte Arbeit und die Chance, einen aufregenden neuen Computer zu entwickeln. »Es war fast so, als stellte man eine Selbstmordmission zusammen«, erinnert sich einer vom Team. »Man würde zwar sterben, dafür aber in Ehren.«

Einmal für das Eagle-Projekt angenommen, hatten die Angeworbenen eine persönliche Verpflichtungserklärung gegenüber dem Unternehmen abzugeben – eine Art Aufnahmeritus, »signing up« genannt. Bei diesem »signing up«, das praktisch in jedem genialen Team stattfindet, handelt es sich nicht um eine Vertragsunterzeichnung, vielmehr enthält es ein Versprechen des Teilnehmers, alles Notwendige zu tun, um dem Projekt zum Erfolg zu verhelfen. Solche Schwüre werden fast nie gebrochen, weil sie freiwillig von Individuen geleistet werden, die wissen, daß die extremen Anforderungen des Projekts den Einsatz ihrer Zeit und ihres Talents wert sind. Es überrascht also nicht, wenn geniale Teams alles dafür geben, eine neue Technologie zu perfektionieren oder einen Film fertigzustellen. Es ist eine Frage der Integrität, ob man ein Versprechen bricht, das man in der Hauptsache sich selbst gegeben hat.

Wurde man von »Kelly« Johnson oder vergleichbaren Leitern ins Team geholt, dann brachte das unmittelbare öffentliche Wertschätzung. Die Auserwählten sahen sich selbst als Teil einer kreativen Elite und wurden auch – ähnlich wie die Harvard-Absolventen oder die Gewinner des sogenannten Abzeichens für Genialität, verliehen durch die MacArthur Foundation – dementsprechend wahrgenommen. Daß damit auch Verpflichtungen verbunden sind, scheinen die meisten Mitglieder genialer Teams gelassen zu akzeptieren. Sie wissen schon, daß von ihnen, die mit soviel außerordentlicher Begabung gesegnet sind, auch viel erwartet wird. Das mag einer der Gründe sein, warum es in genialen Teams weniger Konflikte gibt als in normalen Arbeitsgruppen. Menschen, die ein sicheres Gefühl der Überlegenheit haben, empfinden das übliche Hacken, das an Arbeitsplätzen oft kleinliche Ringen um Anerkennung, als unter ihrer Würde. Die Tatsache, daß die übrigen Mitglieder des Teams ebenfalls außerordentlich talentiert sind, fördert nur den gegenseitigen Respekt.

Beispielsweise gab es unter den Wissenschaftlern bei PARC während der wöchentlichen Treffen häufig hitzige Meinungsverschiedenheiten. Diese Auseinandersetzungen vollzogen sich jedoch im Bewußtsein der Gleichrangigkeit innerhalb einer den Wissenschaften verpflichteten Gemeinschaft. Mehr noch – es war notwendig, ihre Meinungsverschiedenheiten offen zu erörtern, um ihr gemeinsames Ziel, die Entwicklung eines neuen Computers, voranzutreiben. In einer derartigen Atmosphäre ist Auseinandersetzung eher ein Werkzeug als ein trennender Keil.

Bei der Problemlösung setzte Bob Taylor bei PARC eine besonders schlaue Methode ein. Er benutzte ein Mediationsmodell, welches das trennende Gewinnen/Verlieren-Element eliminierte und dafür das Ziel der Klärung in den Mittelpunkt rückte. Taylor drängte die Teammitglieder, von dem, was er einen erstklassigen Streitpunkt nannte (keine

der beiden Parteien weiß, wovon die andere spricht), zu
einem zweitklassigen Mißverständnis zu kommen (jede Seite kann die der anderen artikulieren). Vielleicht war dies
lediglich Taylors geschickter Einsatz des Prinzips der »ko-
gnitiven Dissonanz« (das Konzept der Gehirnwäsche, bei
der man letztlich selbst glaubt, was immer man sagt). Doch
im allgemeinen funktionierte diese Methode. Taylors Modell des gegenseitigen Respekts nahm den Auseinandersetzungen den Stachel und erlaubte den streitenden Parteien,
eine gemeinsame Grundlage zu finden. Es ist eine rationale
Technik, die es den Kontrahenten ermöglicht, Konflikte auf
eine abgeklärte, kollegiale Art und Weise zu behandeln, und
die deshalb eigentlich in jeder Gruppe benutzt werden sollte
– leider ist dies jedoch selten der Fall.

Geheimhaltung ist eines der bezeichnenden Elemente für
Skunk Works. Bei den ursprünglichen Skunk Works, entstanden während des Zweiten Weltkriegs und während der
gesamten paranoiden Ära des Kalten Krieges, wurde Geheimhaltung als unerläßlich für die nationale Sicherheit erachtet. Erst nach dem Zusammenbruch der Sowjetunion
wurde die Tätigkeit der Skunk Works zur Veröffentlichung
freigegeben, so daß Ben Rich über ihre Erfolge berichten
konnte (gemeinsam mit Leo Janos in *Skunk Works*). »Es
war eine Erleichterung«, sagt Rich, »sich nicht mehr stumm
stellen zu müssen wie der Rabbiner, der den Golfball beim
ersten Schlag ins Loch bekam – leider war es Sabbath!«
Gelegentlich mußte der eine oder andere Mitarbeiter von
Johnsons, später Richs handverlesenen Leuten vom Projekt
entfernt werden, weil die Sicherheitsüberprüfung problema-
tische Bekanntschaften oder Verwandtschaftsbeziehungen
aufgedeckt hatte.

Einmal, Mitte der siebziger Jahre, als die Skunk Works

gerade dabei waren, ihre revolutionäre Tarnkappen-Technologie zu perfektionieren, ließen die Mitarbeiter Kaffeetassen herstellen, auf denen eine Wolke abgebildet war, aus der vorn die Nase eines Flugzeugs herauslugte und hinten der Schwanz eines Stinktiers. Die Tassen mußten – wenn sie nicht gerade benutzt wurden – eingeschlossen werden. Kein Unbefugter sollte je einen Blick auf das geheime Design werfen können.

Was immer sonst die Vorteile solch hochgradiger Geheimhaltung sein mögen, sie hebt den Geist der Mission bei allem, was man macht. Das Wissen, zu einem einzigartig informierten Kader zu gehören, eingeweiht in wunderbare Geheimnisse, die dem Rest der Welt verschlossen bleiben, führt zudem meist stets zu einem starken sozialen Zusammenhalt. Im Sommer 1955 zum Beispiel wußten nur das Team der Skunk Works und eine Handvoll Eingeweihter, warum keine Insektenspraydosen auf den Regalen der Supermärkte zu finden waren: Sie wurden gebraucht, um einen speziellen raucharmen Treibstoff für das hochgeheime neue Spionageflugzeug, die U-2, zu fabrizieren.

Oft sind geniale Teams sogar dann geheimniskrämerisch, wenn keine unmittelbare Notwendigkeit dazu besteht. Bei dem Eagle-Computerprojekt wurde ein Schweigegelübde gehalten, das der Skunk Works oder des Manhattan-Projekts würdig war und das ihnen untersagte, jemals den Namen »Eagle« außerhalb des Teams zu benutzen. Bei der Computergesellschaft NeXT bestand deren Gründer, Steve Jobs, auf einer ungewöhnlichen Offenheit innerhalb der Gruppe, warnte jedoch, daß jegliches Leck zur Außenwelt der internen Offenheit augenblicklich ein Ende setzen würde.

Eine der Stärken »Kelly« Johnsons bestand in seinem sicheren Gespür für die Bedürfnisse und Abneigungen seiner

Leute. Viele von ihnen – Ingenieure und Tüftler – haßten Papierkram, weshalb Johnson ihn auf ein absolutes Minimum reduzierte. Das hatte zugleich den Vorteil, daß man Berichte (Geheimdokumente) leichter unter Verschluß halten und auffinden konnte. Die Ausnahme, und zugleich eine von Johnsons 14 berühmten Regeln, verlangte die ausführliche Dokumentation jeder wichtigen Arbeit.

Sich lässig kleiden zu dürfen, war ein weiterer Vorzug, den man bei der Arbeit mit Johnson genoß. Zu einer Zeit, als noch jeder Mann täglich im dunkelblauen Anzug im Büro erschien, ließ Johnson seine Leute ohne Anzüge und Krawatten arbeiten. Das Recht, sich zu kleiden wie man will, ist ein Bonus, der vielleicht zunächst ganz unbedeutend scheint, jedoch großen Anklang findet – man bedenke nur, wie enthusiastisch der »Casual Friday« von den amerikanischen Angestellten aufgenommen wurde. Die Krawatte mag ein weniger erniedrigendes Symbol des Verlustes persönlicher Freiheit sein als eine Uniform mit dem Namensschild. Aber jeder Angestellte weiß, der Kleidungskodex ist eine Form sozialer Kontrolle, der unangenehm daran erinnert, daß die Firma nicht nur bestimmt, was man tut, sondern auch vorschreiben kann, was man anzuziehen hat.

Die Befreiung von einer Bekleidungsordnung kann sich auch positiv auf die Kollegialität auswirken. Manche Teams mögen ihre eigene »Uniform« kreieren – Sandalen oder T-Shirts – wie die Erfinder des Macintosh; in diesem Fall fördert die Kleidung die Zusammengehörigkeit. Aber talentierte, unabhängige Denker bevorzugen ohnehin ihren eigenen Stil. Als Menschen mit außerordentlicher Phantasie entscheiden sie sich vielleicht für ungewöhnliche Kleidung – wenn sie sich überhaupt Gedanken darüber machen.

Geniale Teams arbeiten oft übermenschlich hart einer

Deadline entgegen, die das Streßniveau bis zum Anschlag hochtreibt. Den Streß zu reduzieren, statt ihn zu verstärken, ist eine der Aufgaben, mit denen sich der Leiter eines Teams sehr häufig konfrontiert sieht. Während des Zweiten Weltkriegs arbeitete sowohl die Gruppe Oppenheimers als auch die Johnsons wie besessen, dennoch bestanden beide Teamleiter darauf, daß ihre Mitarbeiter sich an Sonntagen freinahmen.

Obwohl Mitglieder genialer Teams so hart arbeiten, berichten doch alle von dem Spaß bei ihrer Arbeit. Johnson zum Beispiel lud alle Ingenieure und Mechaniker zum Jungfernflug des jeweils neuesten Skunk-Works-Flugzeugs ein. Hinterher wurde gefeiert. »Nach dem ersten Flug der U-2« – schreibt Johnson in seiner Autobiografie von 1985 – »feierten wir alle mit dem üblichen Bier und den Armdrücker-Wettbewerben.« Johnson, der als Jugendlicher auf dem Bau gearbeitet und sich dabei ein breites Kreuz erworben hatte, gewann dabei sehr häufig.

Ben Rich, von Johnson 1954 für die Skunk Works angeworben, blickt auf eine Zeit außerordentlicher Befriedigung, aber auch jugendlicher Begeisterung zurück. »Obwohl wir bis zum Umfallen arbeiteten, benahmen wir uns furchtbar oft wie College-Erstsemestler«, schreibt er. »Die Jungs dekorierten ihre Wände mit Pin-ups, die man umdrehen konnte, um weniger anstößige Tierfotos zu präsentieren, wann immer die hohen Tiere des CIA oder andere Skunk-Works-Klienten die Quartiere besuchten.« Rich bekam den Spitznamen »Fettarsch« nach einem spontanen Wettbewerb unter den Jungs, bei dem es darum ging, den dicksten Hintern vorzuweisen. Als eingefleischte Ingenieure benutzten sie selbstverständlich Greifzirkel für ihre Messungen.

Nachdem Rich 1975 von Johnson als dessen Nachfolger

bestimmt worden war, benutzte er den kindischen Namen »Ben Dover« (bend over) als Decknamen, wenn er sich auf einer Top-Secret-Mission befand.

Richs Verspieltheit ist ein Beweis dafür, wie vergnüglich Problemlösung sein kann. Das Arbeiten an schwierigen Problemen bringt eine vermehrte Endorphinproduktion mit sich, vergleichbar mit dem Hoch eines Marathonläufers oder dem Wohlgefühl nach einem befriedigenden sexuellen Erlebnis. Kein Wunder, daß die von uns beschriebenen genialen Teams gerne Wasserkämpfe veranstalten, viel feiern und gerne Unfug treiben. Sie fühlen sich einfach gut.

Häufig ist die Kommunikation innerhalb dieser Teams nonverbal. Es besteht eine stille Übereinkunft über die gemeinsame Vision, die der Sprache nicht bedarf. Doch obgleich die Gruppenmitglieder in der Lage sind, ohne viel Worte gemeinsam an einem Problem zu arbeiten, entwickeln sie oft so etwas wie einen eigenen Jargon. Ähnlich wie die Geheimsprache vieler Kinder dient diese Gruppensprache dazu, die Uneingeweihten draußen zu halten und eine kollektive Identität auszubilden.

Johnsons Skunk Works bildeten sich ebenfalls eigene Namen und Begriffe. So sprach die Gruppe beispielsweise von Präsident Eisenhower, den Johnson als zu entscheidungsträge empfand, grundsätzlich als »Speedy Gonzales«. Für Tom West von Data General war die Schaffung einer Subkultur mit eigener Sprache nicht nur eine typische Erscheinung, sondern sogar förderlich für den endgültigen Erfolg: »Den Erfolg eines Projekts kann ich fast daran erkennen, inwieweit es dem Team gelungen ist, seine eigene Welt zu schaffen. Will man testen, ob der Laden läuft, dann sollte man sich vergewissern, ob die Gruppe ihre eigene Sprache gefunden hat.«

Als Organisator der Skunk Works kümmerte sich Johnson herzlich wenig um eine komfortable Einquartierung seiner Gruppe. Dagegen hielt er an dem Prinzip fest, Designer und Mechaniker Seite an Seite arbeiten, Probleme besprechen und Entscheidungen treffen zu lassen, damit der Prototyp nach Bedarf auf der Stelle modifiziert werden konnte. Bei den Skunk Works waren die Schreibtische derart dicht zusammengeschoben, daß ein Ingenieur schließlich ein Schild aufhängte mit der Aufschrift »privacy sucks!«. Vielleicht fiel der Mangel an Privatsphäre deshalb nicht negativ auf, weil die intensive Konzentration auf die eigentliche Sache verhinderte, was in normalen Arbeitsgruppen zur Hölle werden kann.

Rich erinnert sich seiner Kollegen als »jung und voller Elan, die – falls nötig – auch in einem Telefonhäuschen gearbeitet hätten, solange sie Flugzeuge entwerfen und bauen konnten«. Er schreibt, er habe die »slumähnlichen Bedingungen« regelrecht lieben gelernt – sogar den allgegenwärtigen Zigarettenqualm.

Großartige Dinge entstehen häufig an unwirtlichen Örtlichkeiten – was Architekten und Raumausstattern zu denken geben sollte. Irgend etwas am kontrollierten Chaos einer Garage, dem kargen Interieur einer Blechhütte scheint das Denkvermögen, die Phantasie anzuregen. Womöglich gelingt es den Menschen an einem dürftigen Ort eher, sich zur Lösung von Problemen nach innen zu wenden. Ganz sicher bietet eine solche Umgebung wenig Ablenkung, im Unterschied jedenfalls zu Plüschluxus-Büros oder majestätischen Ausblicken. Abschreckende Örtlichkeiten sind mittlerweile fast so etwas wie ein Requisit genialer Teams geworden: James E. Moxley, Präsident der Ultra Technologies, erinnert sich liebevoll an die öden Räumlichkeiten, in denen sein Unternehmen seinen Anfang nahm. »Es war ein ausgezeichneter Ort, um etwas Tolles auszubrüten«, schwärmt er in Erinnerung an die Anlage, in der unter anderem die Lithium-Batterie erfunden wurde. »Die Atmosphäre war genau richtig. Es gab keine funktionierende Heizung, keine Klimaanlage, keine Jalousien, keinen Teppich – lediglich nackte Glühbirnen.« Einfach perfekt für ein Team, das dabei war, sich selbst zu erfinden.

Die Skunk-Works-Mitarbeiter liebten ihren Arbeitsplatz, auch wenn er weder luxuriös noch prestigeträchtig war. Für sie stand ihre Arbeit im Vordergrund. Diejenigen, die sich in genialen Teams zusammenfinden, tun, was sie tun müssen, was sie sogar tun würden, wenn sie nicht dafür bezahlt würden – unablässig Probleme wälzen und deren Lösungen finden.

Johnson erwarb sich seine Reputation unter anderem dadurch, daß er radikal neue Flugzeuge termingerecht lieferte und bei den Kosten sogar noch unter dem veranschlagten Budget blieb. Er konnte das, weil er bereits existierende Teile, die er sozusagen einfach nur »vom Regal nehmen« mußte, in die neuen Maschinen einbaute. Das drosselte die Kosten und beschleunigte Entwurf, Design und Produktion. Außerdem enthielt das so entstandene Flugzeug zumindest einige Teile, die, was ihre Haltbarkeit und Belastbarkeit anging, bekannte Größen darstellten.

Aber die SR-71, der »Blackbird«, mit dessen Design die Gruppe 1958 begann, konfrontierte sie mit einer Herausforderung ganz anderen Kalibers. Johnson sieht das Blackbird-Projekt im nachhinein als »den härtesten Job, den die Skunk Works jemals ausgeführt haben«. Die Maschine sollte Eigenschaften besitzen, die nie zuvor ein Flugzeug besessen hatte: Es mußte mindestens dreimal so schnell sein wie

der Schall, und zwar in über 24 km Höhe. Außerdem sollte
es auf dem Radarschirm schwer zu orten und tauglich zur
Globusumrundung sein, das hieß, es mußte während des
Fluges betankt werden können. Bei derartiger Höhe und
Geschwindigkeit würde jedes einzelne Bauteil einer bis dahin ungekannten Erhitzung und anderen Streßfaktoren ausgesetzt sein. Die Stromlinien-Technologie und die Aus-
schlachtung anderer Modelle, von der Johnson bisher so
vorteilhaft Gebrauch gemacht hatte, mußte für den »Blackbird« verworfen werden.

»Alles an diesem Flugzeug mußte neu erfunden werden«,
schreibt Johnson. »Einfach alles!« Das betraf Materialstruk-
tur, Herstellungstechniken, Brennstoff und Anstrich, ganz zu
schweigen von dem revolutionären Design. Versehen mit
dem ironischen Code-Namen »Ochsenkarren«, war dies das
erste aus Titan gefertigte Flugzeug. (Lockheed hatte sich einen Großteil des Rohmaterials durch CIA-Leute aus der Sowjetunion beschaffen lassen.) Bei jeder Einzelheit von Design
und Konstruktion sahen sich die Erfinder einer Reihe von
Problemen gegenüber, die sie mit fröhlicher Unbefangenheit
lösten (auch wenn sie bei aller intellektuellen Verspieltheit
nie den tödlichen Ernst der Unternehmung aus den Augen
verloren; schließlich war jedem klar, daß der kleinste Re-
chenfehler einem Piloten das Leben kosten konnte).

Um das Flugzeug dem Radar zu entziehen und dennoch
genügend aerodynamischen Auftrieb zu bekommen, wurden
dem Rumpf flache Grate eingefügt. »Das Resultat sah von
vorn aus wie eine Schlange, die drei Mäuse verschlingt«,
schreibt Johnson. Die Fabrikation dieses Flugzeugs konfrontierte seine Erfinder mit ebensovielen Rätseln wie das Design
selbst. So versagten beispielsweise – wurden die Flugzeuge
im Sommer gebaut – manchmal die Punktschweißnähte der

Tragflächenverkleidung. Bei genauer Prüfung entdeckte die Mannschaft, daß das Wassersystem auf dem Firmengelände dafür verantwortlich war. Im Sommer wurden dem Wasser große Mengen Chlor beigegeben, um das Wachsen von Algen zu unterbinden. Das Chlor schwächte die Schweißung. Das Problem verschwand, als die Schweißstellen mit klarem Wasser gespült wurden.

Wenn irgendein Vehikel am wenigsten mit einem rumpelnden, erdgebundenen Ochsenkarren vergleichbar ist, dann ist es der 1964 eingeführte und 1990 außer Dienst gestellte »Blackbird«. Er war in der Lage, 2092 Meilen pro Stunde in einer Höhe von 85068 Fuß zurückzulegen; einmal gelang es ihm sogar, die Strecke von Los Angeles bis Washington in 64 Minuten zu bewältigen.

Eine der größten Stärken Johnsons war seine Fähigkeit, zwischen Perfektion und hervorragender Qualität zu unterscheiden. Die Skunk Works, Disney Animation und das Macintosh-Team mögen bemerkenswert innovativ gewesen sein, aber sie waren keine »Think Tanks« – das heißt Institutionen, deren Hauptzweck darin besteht, Ideen zu produzieren. Im Gegensatz dazu wurden in diesen genialen Teams Dinge entworfen und hergestellt, die in Produktion gehen und binnen einer bestimmten Frist auf den Markt kommen konnten. Eines der Mantras von Steve Jobs war der Spruch: »Echte Künstler verkaufen.« Auch Johnson vertrat die Ansicht, ein Flugzeug sollte brillant konstruiert sein, jedoch sollte die Perfektion nicht so weit gehen, daß es niemals vom Zeichentisch abheben würde. In bestimmten Bereichen ging er jedoch keine Kompromisse ein – vor allem, was die Sicherheit betraf. Alle Funktionen im »Blackbird« waren deshalb dreifach ausgelegt, damit das Versagen irgendeines Systems, oder gar zweier Systeme, nicht automatisch den

Verlust eines Piloten bedeuten mußte. Aber wie Thomas von Aquin vor ihm und Steve Jobs einige Jahre später wußte auch Johnson sehr wohl, daß etwas Existentes auf jeden Fall besser ist als etwas lediglich Erdachtes – egal wie brillant.

Wahre Ingenieure liefern! Rich, der das Team leitete, welches das Luftansaugsystem des »Blackbird« entwarf, erinnert sich, daß er sechs Monate brauchte, um ein System zu entwerfen, das zu 70 Prozent effektiv arbeitete. Jedoch benötigte er weitere 14 Monate, dessen Effizienz auf 80 Prozent zu erhöhen (dieses System war zum Großteil verantwortlich für die beispiellose Schubkraft des Flugzeugs). Als das System endlich eine Effizienz von 84 Prozent erreicht hatte, entschied Johnson, das reiche jetzt – ebenso wie Walt Disney, als er beschloß, den Prinzen in *Schneewittchen* einfach zittern zu lassen.

»Uns schwebte die technische Verläßlichkeit eines Chevrolet vor – nicht die eines Mercedes«, schreibt Rich, »80 Prozent Flugtauglichkeit hätten genügt, also warum die Ressourcen belasten und Deadlines überziehen, um weitere 20 Prozent herauszuschinden?« Von ihren Leitern geschützt vor den störenden Erfordernissen des täglichen Lebens und im neurochemischen Hochgefühl ihrer Entdeckungen, sind die Mitglieder genialer Teams mitunter regelrecht besessen von ihrer Aufgabe und nicht selten äußerst unwillig, unvollkommene Lösungen zuzulassen, wie wunderbar das restliche Produkt auch sein mag. Es ist eine delikate Angelegenheit für den Leiter, diese hochbegabten Leute in die Richtung der perfekten Lösung anzutreiben, dabei jedoch das Ziel – die Auslieferung – nicht aus den Augen zu verlieren. Wie die Politik, so ist auch erfolgreiche Zusammenarbeit eine Wissenschaft des Machbaren.

Bei Skunk Works ließ Johnson keinen Zweifel daran aufkommen, daß er – nicht einer seiner Untergebenen – sich Frack und Binder antun würde, um mit den hohen Tieren in Washington zu verhandeln. Johnson unterhielt eine besonders enge Beziehung zu Richard Bissell vom CIA, der Allen Dulles' spezieller Assistent und Verbindungsmann zu den Skunk Works war (bis er 1959 von diesem Job abgezogen wurde, um die glücklose Schweinebuchtoperation zu organisieren). Rich beschreibt Bissell als den Anwalt der Skunk Works innerhalb der Regierung. »Bissell war der Pate der Skunk Works. Er startete die U-2-Höhenaufklärer, was uns letztendlich eine bleibende Beschäftigung verschaffte.«

Daß Lockheed sich für etwas engagierte, das schließlich zu der Gründung einer geheimen Air Force für den CIA führte, mag dem Leser Unbehagen bereiten. Aber wie verwirrend auch immer die politische Taktiererei im Umfeld dieses Projekts gewesen sein mag – die U-2 stellt zweifellos ein technologisches Wunder dar.

Das Konzept dieses Spionageflugzeugs wurde ursprünglich von Edwin Land, Erfinder der Polaroid-Technologie, vorgeschlagen. Er selbst entwickelte die hochauflösende Kamera und der Harvard-Astronom Jim Baker die dazugehörige Superlinse. Der geheime Auftrag, 1953 an Lockheed vergeben, lautete, ein Flugzeug zu entwerfen, das in einer Höhe von mehr als 70 000 Fuß, möglichst ohne überhaupt entdeckt zu werden, über die Sowjetunion fliegen und Aufklärungsfotos von bis dahin unerreichter Genauigkeit liefern konnte. Die Aufgabe der Skunk Works bestand darin, ein Flugzeug zu konzipieren und zu bauen, das in derartigen Höhen operieren konnte, ohne daß sein Kondensstreifen vom Boden aus erkennbar sei. Es sollte eine Reichweite von mehr als 4 000 Meilen haben und so ruhig fliegen, daß die Beobachtungsfotos nicht verwackelten.

Als man dem Testpiloten eine Blaupause der späteren U-2 zeigte, beschrieb er sie als »... ein verdammt großes Segelflugzeug mit der breitesten Flügelspannweite, die ich jemals gesehen habe – wie eine verdammte Brücke«. Das Flugzeug hatte eine Flügelspannweite von 80 Fuß und brach sämtliche Rekorde bezüglich Höhe und Reichweite. In der Hauptsache eine Plattform für die bemerkenswerten Kameras, begann die U-2 1955 ihre Erkundungsflüge über der Sowjetunion zu einer Zeit, als Schulkinder in den Vereinigten Staaten dazu gedrillt wurden, im Falle eines nuklearen Erstschlags unter den Schultischen Schutz zu suchen und sich die Gesichter mit Ranzen oder Büchern zu bedecken.

Fast fünf Jahre lang versorgten diese Überwachungsflüge die CIA und das US-Militär mit detaillierten Bildern von sowjetischen Militäreinrichtungen, einschließlich der sich vermehrenden Militärbasen und anderer unschätzbar wertvoller Informationen. Für den ehemaligen CIA-Direktor Richard Helms war die Entwicklung der U-2 die kleverste Entscheidung, die die Organisation jemals getroffen hat – »... der größte Triumph des Kalten Krieges«.

Die U-2 war das Produkt der kreativen Zusammenarbeit Dutzender begabter Menschen unter der ruppigen Führung Johnsons. Bei jedem Detail dieses Flugzeugs – von der Condor-ähnlichen Form bis hin zu dem superleichten Aluminiumrumpf – handelte es sich um Neues. Für die Probleme, wie sie täglich beim Durchtesten und während des Herstellungsprozesses auftauchten, wurden oft unkonventionelle Lösungen gefunden. Als beispielsweise der Motor während des Testflugs Öl auf die Windschutzscheibe des Cockpits spritzte, kam der Mechaniker auf die Idee, den Ölfilter mit Monatsbinden zu umwickeln.

Ein fast unlösbares Problem ergab sich aus dem Umstand, daß die sowjetische Luftüberwachung im allgemeinen wenig Schwierigkeiten hatte, Flugzeuge per Radar auszumachen. Viele Jahre lang besaß sie zwar keine Waffen, die die hochfliegenden Giganten hätten erreichen können, aber sie bemerkte sofort, wenn einer von ihnen über sie hinwegflog. Um die Sicht der U-2-Kameras zu behindern, flogen die Sowjets in Formationen unterhalb des Spionageflugzeugs – ein Manöver, das Johnson »Aluminium-Wolken« nannte. 1955 geschah dann das Unvermeidliche: Eine U-2 mit dem Piloten Francis Gary Powers, der zehn Meilen über der Sowjetunion flog, wurde von einer Boden-Luft-Rakete heruntergeholt. (Johnson vermutete, eine elektronische »Black Box« im Schwanz von Powers U-2, die Geschosse der Sowjets fehlleiten sollte, habe ihnen statt dessen geholfen, das Flugzeug anzuvisieren.) Powers vermochte es nicht, sich mit der Giftnadel, die zu seiner Ausstattung gehörte, den Tod zu geben. Er wurde, zur großen Genugtuung Chruschtschows, gefangengenommen. Der Zwischenfall brachte Präsident Eisenhower in arge Verlegenheit, hatte er doch lange Zeit behauptet, die U-2 sei kein Spionageflugzeug, sondern lediglich ein flugfähiges Laboratorium für meteorologische Messungen. Die Flüge über der Sowjetunion wurden eingestellt, und Powers von den Sowjets der Spionage für schuldig befunden und verurteilt. Für die U-2 fand sich schon bald eine neue Aufgabe: Sie überflog fortan die Volksrepublik China! 1990 setzte man das Flugzeug, das noch immer im Einsatz ist, zur Informationssammlung über dem Irak ein.

Kelly Johnsons und Ben Richs Führungsstil differierten deutlich. Ein CIA-Beamter, der mit beiden arbeitete, hat einmal gesagt: »Kelly regiert mit seinem cholerischen Temperament, Ben Rich mit seinen verdammt schlechten Witzen.«

Johnson behauptete gern, seine Philosophie des Managements bestünde darin, »Menschen zu führen – nicht zu hetzen«. In Wirklichkeit war er jedoch ein ziemlicher Leuteschinder. Aber er war zugleich einer der größten Flugzeugdesigner aller Zeiten. Auch wenn seine Mitarbeiter seine Temperamentsausbrüche ertragen mußten, so wußten sie doch, daß die großartigen Flugzeuge, die sie schufen, niemals ohne ihn entstanden wären. Genau wie Walt Disney hatte Johnson die Art von Genie, das den Mangel an Umgangsformen einfach vergessen läßt. »Bei der Anstrengung, ihm zu gefallen und seine Erwartungen zu erfüllen, wuchs ich über mich selbst hinaus«, sagt einer seiner damaligen Mitarbeiter. Aber seine Mitarbeiter konnten sich auf mehr als seine Temperamentsausbrüche verlassen: Wenn es darum ging, sein Team vor den störenden »Krawattenträgern« zu schützen, den Erbsenzählern und Bürokraten, die beim Versuch, ein kreatives Projekt unter ihre Kontrolle zu bringen, es im Regelfall zerstörten, schreckte er vor nichts zurück. (Nicht eben der kleinste seiner diesbezüglichen Erfolge war die Gründung von Skunk Works selbst.) Einer der am meisten unterschätzten Vorteile strenger Geheimhaltung – erklärte Johnson einmal seinem Kompagnon Rich – sei es, auf diese Weise die Firmenvertreter in Schach halten zu können. Obgleich äußerst fürsorglich in bezug auf sein Team, verfügte Johnson doch über ein realistisches Einschätzungsvermögen hinsichtlich der notwendigen Interessenvertretung innerhalb des Unternehmens. Um sich erfolgreicher für sein Team einsetzen zu können, ließ er sich in die Direktorenkonferenz wählen. Geniale Teams bedürfen der Gewißheit, daß ihr Vorgesetzter sie wie ein Tiger verteidigt, eine Eigenschaft, die auch an Bob Taylor bei PARC außerordentlich geschätzt wurde.

Die Skunk Works konnten sich auf die absolute Integrität

ihres Vorgesetzten verlassen, der sich kategorisch weigerte, ein Flugzeug zu bauen, an das er nicht glaubte, selbst wenn Lockheed dadurch Geld verlor. So schickte er beispielsweise der Air Force mehrere Millionen Dollar zurück, nachdem er zu der Überzeugung gelangt war, sein Team könne kein mit Wasserstoff angetriebenes Flugzeug bauen. Als der Pilot Gary Powers, von vielen Amerikanern für einen Verräter gehalten, nach seinem zweijährigen Gefängnisaufenthalt aus der Sowjetunion zurückkehrte, gab Johnson ihm einen Job als U-2-Testflugingenieur.

Johnson behauptete, für ihn seien fünf Dinge im Leben wirklich wichtig: der Glaube an Gott, gute Gesundheit, einen Sinn im Leben zu finden – und ein liebevoller Gefährte oder eine Gefährtin. Der fünfte Punkt lautete: »Respekt gegenüber den Menschen, für die man arbeitet und die für einen arbeiten.« Vielleicht liebten ihn seine Mitarbeiter nicht gerade, aber sie hatten allen Grund, ihn zu respektieren. Es mag begabte Menschen geben, die in der Lage sind, für jemanden mit fragwürdigem Charakter, ja sogar für grundweg schlechte Menschen zu arbeiten. (Der Physiker Werner Heisenberg hatte zum Beispiel begonnen, eine Atombombe für Hitler zu bauen.) Die meisten talentierten Menschen jedoch verspüren wenig Anreiz, sich einem Individuum unterzuordnen, das keinen festen Moralkodex besitzt. Genie vermehrt die zur Wahl stehenden persönlichen Möglichkeiten. Warum sich also jemandem anschließen, dem man nicht vertraut oder der einem gar das Gefühl gibt, sich zu entehren?

Johnsons befehlsorientierter Führungsstil war der seiner Generation, die Autorität respektierte und von den Mitarbeitern das gleiche erwartete. Johnson sah sich nicht genötigt, seine Vorgehensweise vor dem Team zu rechtfertigen.

Er teilte seine Autorität mit niemandem, und es war ihm egal, ob das Team ihn mochte oder nicht, solange es ihn respektierte. Die Skunk Works entstanden während des Zweiten Weltkriegs, zu einer Zeit, als man den Anweisungen seiner Vorgesetzten unverzüglich Folge leistete. Johnsons Gruppe mochte bei weitem kollegialer gewesen sein als viele andere, sie praktizierte dennoch keine Demokratie.

Es läßt sich kaum noch ergründen, ob es Johnsons autoritäre Führerschaft war, die manche von den Skunk Works wegtrieb. Wie unerträglich er auch manchmal sein mochte, er war zu einer echten Legende geworden und hörte nicht auf, revolutionäre Flugzeuge zu konstruieren. Er zeigte Amalia Earhart, wie sie die Reichweite ihres tragischen Flugs um die Welt erhöhen konnte, und entzog Howard Hughes den Steuerknüppel, als er feststellte, daß dieser nicht sicher flog.

Aber die Zeiten änderten sich und verlangten nach einem anderen Führungstyp. Johnson favorisierte Ben Rich für seine Nachfolge. Man fragt sich natürlich unwillkürlich, ob Johnson dabei nicht dieselbe methodische Kreativität an den Tag legte, die er beim Entwurf seiner Flugzeuge anwandte. Im Gegensatz zum dickfelligen Johnson, der kaum Zeit für ein Schwätzchen mit seinen Mitarbeitern vergeudete, war Rich ein Selfmade-Salonlöwe, ausgestattet mit einem unerschöpflichen Reservoir an Witzen, die er unausgesetzt zum besten gab – sein Bruder, Produzent einer Fernseh-Serie, versorgte ihn mit Nachschub. Rich beschreibt sich selbst als »benutzerfreundlich«. Er wußte durchaus, was er wollte, und er konnte sich im Zweifelsfall auch mal jemanden vorknöpfen. Er war aber auch von der Wichtigkeit eines guten Betriebsklimas überzeugt und davon, daß sich ein Lob am rechten Platz als ein unschätzbares Instrument zur Menschenführung erweisen kann.

Um seine Führungsqualitäten aufzufrischen, nahm Rich an einem Dreizehn-Wochen-Kurs in fortgeschrittenem Management an der Harvard Business School teil. Johnson machte sich zwar darüber lustig und behauptete, Rich würde nichts bei Harvard lernen, was er nicht bei ihm selbst und bei den Skunk Works erfahren konnte, doch mag er gespürt haben, daß sich eine neue Ära des Managements abzeichnete und er selbst auf dem besten Weg war, ein Anachronismus zu werden. Welche Bedenken Johnson auch gehabt haben mochte, er schrieb ein so enthusiastisches Gutachten, daß Rich schon annahm, er hätte sich von dem Harvard-Programm überzeugen lassen. Tatsächlich hatte Johnson nie die Absicht, seinen Managementstil zu ändern. Als Johnson im Alter von 65 Jahren in Pension ging, übergab er seine geliebten Skunk Works einem Mann, der die geniale Truppe mit einer viel leichteren Hand zu leiten vermochte als er selbst.

Rich, der 1995 im Alter von 69 Jahren an Speiseröhrenkrebs starb, war zwar ein talentierter Ingenieur, aber kein genialer Flugzeugkonstrukteur wie Johnson. Wie bei so vielen Leitern genialer Teams bestand seine Stärke darin, die Kreativität anderer in die richtigen Bahnen zu lenken. In den meisten Fällen ließ er seine Techniker ihre eigenen, qualifizierten Urteile abgeben. Einer von Richs Programmdirektoren beschreibt ihn als »den perfekten Manager«, dessen Beitrag darin bestand, »uns unser eigenes Ding tun zu lassen, während er uns den Weg zur Air Force und zum Lockheed-Management ebnete. Er verteidigte und beschützte uns, wenn wir uns verrannt hatten, und hielt das Projekt am Laufen und uns am Leben, indem er uns neue Arbeit und mehr Geld beschaffte.«

Unter Rich entwickelten die Skunk Works die Tarnkappentechnologie, die die moderne Kriegsführung revolutionierte. Seit Jahren sann man bei den Skunk Works auf Mittel und Wege, Militärmaschinen unsichtbar für das gegnerische Radar zu machen – sei es durch Veränderung der Außenhülle oder unter Verwendung radarabsorbierender Materialien (der »Blackbird« besaß eine für seine Zeit einzigartige Tarneigenschaft). Rich befand sich kaum sechs Monate auf seinem Posten, als einer seiner Radarspezialisten, der sechsunddreißigjährige Denys Overholser, eine Idee präsentierte, die er später den »Rosettenstein-Durchbruch« der Tarntechnologie nannte.

Wie Rich in seiner Dokumentation *Skunk Works* ausführt, lag der Ursprung dafür in einem zehn Jahre alten Artikel eines sowjetischen Wissenschaftlers, der gerade ins Englische übersetzt worden war. Wie Overholser Rich auseinandersetzte, beschrieb der Aufsatz des Autors Pyotr Ufimtsev (der 1990 der UCLA-Fakultät beitrat) eine Methode, mit der man exakt kalkulieren konnte, wieviel elektromagnetische Strahlung von einer vorgegebenen geometrischen Form reflektiert wurde. (Um Größe und genauen Standort eines Objekts zu bestimmen, sendet das Radar einen elektromagnetischen Strahl aus, um dann die zurückgeworfene Energie zu analysieren.)

Unter Anwendung der Gleichungen aus dem Artikel sah Overholser sich in der Lage, ein Computerprogramm zu schreiben, das die voraussichtliche Erfaßbarkeit des georteten Objekts durch Radar aufgrund seiner Formgestaltung genauestens berechnen konnte. Overholser schlug vor, ein Flugzeug zu entwerfen, dessen Oberfläche sich ausschließlich aus Dreiecken zusammensetzte. Rich erkannte augenblicklich den Wert dieser Idee. Er gab den Skunk Works grünes Licht, das erste für Radar völlig unsichtbare Flugzeug zu entwerfen, egal wie merkwürdig es aussehen mochte.

Rich gab Overholser drei Monate Zeit, die Software aus-
zuarbeiten. Nach bester Skunk-Manier bewältigte dieser die
Aufgabe mit Hilfe seines pensionierten achtzigjährigen Mentors Bill Schroeder innerhalb von sechs Wochen. Während
Rich das Projekt Lockheed verkaufte und sich in einen vom
Verteidigungsministerium ausgeschriebenen Wettbewerb für
ein neuartiges Tarnkappenflugzeug hineinmogelte, hockte
Overholser vor seinem Computer, um das Flugzeug zu entwerfen. Der endgültige Entwurf der Maschine erinnerte an
einen nach vier Seiten hin abgeschrägten Diamanten. Overholser nannte es spontan »the hopeless Diamond«.

Rich bedrängte Overholser, ihm zu sagen, wie klein denn
nun der Radarreflex wirklich ausfallen würde. Overholser
versicherte ihm, das neue Flugzeug werde tausendmal weniger sichtbar sein als das bestgetarnte vorausgegangener Entwürfe. – Wie groß das auf einem Radarschirm aussähe? »So
groß wie der Augapfel eines Adlers«, meinte Overholser.

Rich gab Overholser freie Bahn, um den Schlüssel zu einer nie dagewesenen Tarnabschirmung zu finden. Aber Rich
brüstet sich auch mit einem Beitrag, den er selbst zu der
Entwicklung des bizarr aussehenden Flugzeuges beigesteuert hat. Rich hatte die Eingebung, die Idee dem Pentagon zu
verkaufen. »Hier seht ihr, wie man eure Flugzeuge auf dem
Radar erkennt«, würde er sagen und ein Kugellager über
den Tisch rollen.

Die Skunk Works hatten ihre Flugzeuge immer auf eine
sehr kooperative Art und Weise entwickelt, indem sie gute
Ideen von jedem Mitarbeiter aufgriffen, angefangen bei den
Ingenieuren bis zu den Testpiloten. Der neue unsichtbare
Tarnkappenjäger »Have Blue« bildete da keine Ausnahme.
Wie immer gab es ständig Probleme, sei es bei der Konzep-
tion der Abgasdüse oder infolge eines Engpasses bei Flug-

zeugmonteuren. (Allein bei den Drogentests fielen 44 Prozent der Bewerber durch.)

Im wesentlichen war die Form des Flugzeugs für den Tarnkappeneffekt maßgeblich, aber durch spezielle Anstriche und besonderen Werkstoff konnte man diesen Effekt noch verstärken. Während der Tests verlor die Tarnfarbe plötzlich an Wirkung. Das Team konnte die Ursache einfach nicht finden, bis ein Gruppenmitglied mit der Lieferfirma DuPont sprach und herausfand, daß DuPont die Formel geändert hatte, ohne die Skunk Works davon in Kenntnis zu setzen. Während der Montagephase des Projekts gab es eine dramatische Zunahme von Fällen sogenannter FOD (»foreign object damage«). Diese Schäden sind verursacht durch objektfremde Gegenstände innerhalb des Mechanismus. Meistens war die Ursache eine vergessene Schraube oder ein unbemerkt aus der Tasche gefallenes Werkzeug. Die nächstliegende Lösung: Taschenfreie Overalls!

Sechs Jahre nach dem »Rosettenstein-Durchbruch« war »Have Blue«, jetzt F-117A-Tarnkappenjäger genannt, am Himmel. Die F-117A war so erfolgreich, daß die Hangars manchmal übersät waren von toten Fledermäusen, die mit dem Flugzeug zusammengestoßen waren, weil selbst deren sensible Echoortung sie nicht zu schützen vermochte. In der ersten Nacht des »Desert Storm« – von dem Militärhistoriker John Keegen als der schwierigste Luft-Boden-Seekrieg in der Geschichte der Kriegsführung beschrieben – zeigte die F-117A, was sie konnte. Die Tarnkappenflieger flogen unentdeckt über Bagdad, bis sie die irakischen Kommunikationseinrichtungen und andere Ziele mit erstaunlicher Genauigkeit ausschalteten – während die Welt auf CNN zugucken konnte. Wie Rich stolz betont, machten die F-117A-Kampfbomber nur zwei Prozent der alliierten Luftstreitkräfte aus, waren aber verantwortlich für 40 Prozent des erfolgreichen Zielbeschusses. Und kein einziger Pilot ging in dem kurzen Krieg verloren.

Rich erinnert sich in seinem Buch: »Der Feind hatte nur eine einzige Möglichkeit, von der F-117A über ihm zu wissen – dann nämlich, wenn alles um ihn herum in die Luft flog.«

Auch wenn seine Rhetorik grimmig klingt, Rich brachte eine weichere, freundlichere Leitung in die Skunk Works ein. Zudem war er in der Lage, mit Leuten vom Pentagon zu verhandeln, die Johnson brüskiert hatte. Rich mag sich vielleicht an Johnsons 14 Regeln gehalten haben, aber er hatte einige eigene Ansichten darüber, was die Skunk Works so erfolgreich machte. So glaubte er an den Wert von Generalisten, »die offener gegenüber unkonventionellen Vorgehensweisen sind als pedantische Spezialisten«. (Auch das Manhattan-Projekt und PARC profitierten von Menschen, die keine orthodoxen Spezialisten, sondern zutiefst Generalisten waren.) Rich faßte einmal zusammen, was seiner Ansicht nach den Erfolg der Skunk Works ausmachte: »Wir haben unsere Leute ermutigt, ihrer Phantasie freien Lauf zu lassen, zu improvisieren und Probleme auf unkonventionelle Art anzugehen – und danach haben wir ihnen nicht weiter im Weg gestanden.«

Geniale Teams bieten jedem Mitarbeiter Gelegenheit, festzustellen, wie gut er sein kann. Jedes Projekt fordert dazu heraus, die eigenen Grenzen auszuloten. Außerdem wirkt die fruchtbare Zusammenarbeit mit hochbegabten Kollegen stimulierend auf die eigene Kreativität zurück. Rich erinnert sich an seine frühen Jahre bei Skunk Works: »Jeden Tag mußte ich mich bis zum Äußersten anstrengen, um mit meinen Kollegen Schritt halten zu können. Aber diese Erfahrung war belebend und machte Spaß. Es war eine Gelegenheit, über sich hinauszuwachsen.«

Das Manhattan-Projekt

Während unserer Untersuchung genialer Teams tauchten bestimmte Namen immer wieder auf. Erinnern Sie sich an Vannevar Bush? Es war sein spektakulärer Artikel *As We May Think* (1945) in *Atlantic Monthly*, der Douglas Engelbart zu den Forschungen über eine persönliche Maschine zum Speichern und Abrufen von Informationen anregte – was fast 30 Jahre später zu einem benutzerfreundlichen Computer führte. Im Frühjahr 1940, als die Amerikaner sich zunehmend mit dem Kriegseintritt gegen Hitler konfrontiert sahen, stellte Bush eine Frage, die zu einer ungewöhnlichen Zusammenarbeit führen sollte: Wie können die Vereinigten Staaten an der Schwelle des Krieges den größten Nutzen ziehen aus dem ihnen verfügbaren wissenschaftlichen Potential an Menschen und deren Erfindungen?

Als Ingenieur, Erfinder und Lehrer sowie als Präsident der Carnegie-Gesellschaft wußte Bush, daß ohne eine wirksame Vermittlung zwischen Regierung und Wissenschaft diese Ideen und Technologien – die kriegsentscheidend sein konnten – verlorengehen würden. Er wußte aufgrund eigener Erfahrungen, was mangelnde Koordination anrichten konnte:

Während des Ersten Weltkriegs war er bei einer Forschungs-
einrichtung beschäftigt, die einen neuartigen elektromagnetischen Unterseeboot-Detektor entwickelt hatte. Aber infolge einer »bürokratischen Verwirrtheit« – so Richard Rhodes
in *The Making of the Atomic Bomb* – wurden die Geräte
niemals eingesetzt.

Entschlossen, sein Land zur Ausschöpfung aktueller Entdeckungen – insbesondere auf dem Gebiet der Kernspaltung
– zu veranlassen, initiierte Bush die Gründung des National
Defense Research Council (NDRC), der zwar mit dem
Militär zusammenarbeiten, ihm aber nicht unterstellt sein
sollte.

Mit Hilfe des Roosevelt-Vertrauten Harry Hopkins erhielt Bush die Einwilligung des Präsidenten in weniger als
zehn Minuten.

Die Geschichte vom Bau der Atombombe ist schon oft
und ausführlich erzählt worden. Doch wird oft vergessen,
daß es Bushs Vision und Einsatz zu verdanken ist – und nicht
nur den viel berühmteren Männern wie Einstein und Oppenheimer –, daß es den Vereinigten Staaten, in enger Zusammenarbeit mit den Engländern, gelang, in nur drei Jahren
eine Waffe zu schaffen, die den Krieg beenden sollte (aber
auch die Menschheit mit ihrer Auslöschung bedrohte).

Bush wollte gewährleisten, daß alle Möglichkeiten zur
Zusammenarbeit in vollem Umfang genutzt würden, damit
sich großartige Forschung und Technologie über alle Theo-
rie hinaus zu einem entscheidenden Einflußfaktor für die
Welt erwiese. Im Rückblick ist die Entscheidung für den Bau
der Bombe voll quälender Ambiguität. Aber im Jahre 1940
erschien der Krieg gegen Hitler als gerechter Krieg, der voll-
sten Einsatz verlangte. Bushs NDRC verschaffte auch Zivi-
listen in Washington Gehör und vervielfachte damit die Mög-

lichkeiten erfolgversprechender militärisch-wissenschaftlicher Zusammenarbeit.

Welche Vorbehalte die einzelnen Wissenschaftler gegenüber der Herstellung von Waffen auch gehabt haben mochten – die meisten von ihnen bezweifelten weder die diesbezüglichen Fähigkeiten deutscher Wissenschaftler, wie die des Atomphysikers Werner Heisenberg, noch die Skrupellosigkeit des Hitler-Regimes. Ironischerweise trug Hitler selbst zu der alliierten Anstrengung bei, nicht nur, weil er als diabolischer Feind galt, gegen den man sich zusammenschließen mußte – er hatte die meisten der besten Wissenschaftler aus Deutschland vertrieben, weil sie Juden waren. Bis das Manhattan-Projekt endlich auf den Weg gebracht war, befürchteten Bush und viele seiner Elitewissenschaftler, die Deutschen würden ihnen mit der Bombe zuvorkommen. Dies zu verhindern, heiligte immerhin hinreichend das Vorhaben und war für alle Wissenschaftler Grund genug, sich für ein Unternehmen zu engagieren, das große intellektuelle Herausforderungen mit sich bringen und sie sowohl physisch als auch moralisch weit von ihrem friedlichen Laboratoriumsalltag der Friedenszeit hinwegführen würde.

Die tägliche Verantwortung für den Bau der Atombombe lag fortan in den Händen des seltsamsten Paares in der Geschichte der Vereinigten Staaten. Im August 1942 bat Bush einen für Personal zuständigen General, ihm einen Militär zu empfehlen, der den für das Projekt notwendigen enormen Aufwand beschleunigt abwickeln konnte. Er fand genau den richtigen Mann: Leslie R. Groves, den 46 Jahre alten Colonel des Ingenieurkorps der Armee. Daß er Dinge anzupacken wußte, stand außer Frage: Als stellvertretender Bauleiter der Armee hatte er gerade sein bislang größtes Projekt abgeschlossen – den Bau des Pentagon. Groves, ein Mann von mächtiger Statur – ein Meter achtzig groß, 200 Pfund schwer –, war derb, unermüdlich und ungewöhnlich sachkundig. Mit der ihm eigenen Voraussicht machte er seine Zustimmung von der anstehenden Ernennung zum Brigadegeneral abhängig: »Ich nahm an, daß es da einige Probleme im Umgang mit den vielen akademischen Wissenschaftlern geben könnte, die an dem Projekt arbeiteten«, erinnert er sich 1962. »Ich hatte das Gefühl, ihnen gegenüber einen besseren Stand zu haben, wenn ich ihnen von Anfang an als General gegenübertrat und nicht als ein versetzter Colonel.«

Es war Groves, der Oppenheimer für das Manhattan-Projekt (so genannt, weil die ersten Bemühungen vom Ingenieurcorps des Bezirks Manhattan ausgingen) anwarb. Neben Groves, den man immer wieder als einen Bären von Mann bezeichnete, wirkte der achtunddreißigjährige Oppenheimer nervös und schrecklich dünn. Einer seiner Freunde wies auf Oppenheimers intensiv blickende blaue Augen hin und meinte, er wirke wie »... der junge Einstein, aber zugleich wie ein etwas hochgeschossener Chorknabe«.

Aber nicht nur in seinem Äußeren wirkte Oppenheimer wie das perfekte Gegenstück zu dem des soliden mittelamerikanischen Groves. Der Atomphysiker war ein Theoretiker, ein Mann von Kultur (er lernte Sanskrit, nur um seine geliebte *Bhagawadgita* lesen zu können) und ein politisch Linker und ein (nichtpraktizierender) Jude. An den Fakultäten von Berkeley und CalTech wurde Oppenheimer hoch geachtet. Allerdings fehlte ihm die Erfahrung, ein großes Team zu führen, und er konnte bisweilen äußerst abweisend und dann wieder sehr gönnerhaft sein.

Es spricht für Groves' praktische Intelligenz, daß er Oppenheimer den Vorzug gab trotz gewisser Vorbehalte, einschließlich der Tatsache, daß Oppenheimers Frau Kitty wie auch sein Bruder Mitglieder der kommunistischen Partei gewesen waren. Wie Rhodes berichtet, teilte Groves Oppenheimers Ansicht, wonach die Teilnehmer des Teams, die derzeit noch an der Universität von Chicago und anderen Orten verstreut tätig waren, ein zentrales Labor benötigten. Dort könnten sie Seite an Seite die komplizierten Probleme angehen, die noch zu lösen waren, bevor man überhaupt daran denken konnte, Atomspaltung in eine wirkungsvolle Waffe umzusetzen.

Groves wollte Oppenheimer, weil er – so behauptete der frisch ernannte General – »... ein Genie ist. Oppenheimer weiß alles. Man kann mit ihm über jedes Thema reden ... nun ja – vielleicht nicht ganz. Es gibt ein paar Dinge, wo er sich nicht so gut auskennt – Sport zum Beispiel.« Unbeirrt von »Oppies« Unfähigkeit, Punkte beim Ballspiel zu machen, empfahl Groves ihn dem Militärpolitischen Komitee. Wie vorauszusehen war, lehnten sie Oppenheimer ab. Aber auch hier bewies Groves Scharfsinn, indem er sie aufforderte, bessere Vorschläge zu machen. Als sie versagten, hatte Oppenheimer gewonnen.

Groves' und Oppenheimers Vorzüge ergänzten sich in einer Art und Weise, die es ihnen erlaubte, unabhängig und effektiv auf ein gemeinsames Ziel hinzuarbeiten. Oppenheimer war Groves unterstellt, der sein Büro in Washington beibehielt, während Oppenheimer die Wissenschaftler für das Projekt in dem neuen, geheimen Labor anwarb und das Team koordinierte, dem – wie Groves zu Recht annahm – eine Anzahl von »Primadonnen« angehörten. Jeder Zoll ein Soldat, machte Groves Oppenheimer wesentliche Zugeständnisse – alles im Interesse des Projekts.

Groves wollte sämtliche Wissenschaftler unter Armeeauftrag stellen, um die staatliche Kontrolle, einschließlich der

Sicherheit, auszuweiten. Er wünschte auch geschlossene Abteilungen, damit die Wissenschaftler, die an einem Teil des Projekts arbeiteten, keine Informationen mit anderen Teams austauschen konnten. Aber Oppenheimer entdeckte bald, daß einige die Militarisierung ablehnten. Ohne ihre wissenschaftliche Unabhängigkeit würden einige der Wissenschaftler nicht an dem Projekt teilnehmen, beschied Oppenheimer Washington. Er wußte auch, daß Wissenschaft sich nicht ohne den freien Austausch von Informationen entfalten kann. Ohne Offenheit würden kritische Probleme niemals entdeckt, genausowenig wie deren Lösungen. Offenheit würde außerdem die Moral heben.

Beide – Groves wie Oppenheimer – waren jedoch in der Lage, ihre zum Teil konträren Vorstellungen in dem gemeinsamen Ziel zu bündeln und einen Kompromiß auszuhandeln: Sie einigten sich, daß die Wissenschaftler ihr traditionelles Recht auf Meinungsaustausch mit jedermann innerhalb der Gruppe behalten sollten, das Team insgesamt aber vom Rest der Welt isoliert würde – an einem abgelegenen Ort hinter bewachtem Stacheldrahtzaun.

Bei dem Gelände handelte es sich um Los Alamos in Neu-Mexiko. Geniale Teams werden leicht zu Inseln, wo die Mitarbeiter, nur mit ihrem Auftrag befaßt, völlig losgelöst von ihrer Umgebung existieren. Aber Los Alamos war in extremer Weise isoliert. Dieser Ort, 35 Meilen außerhalb von Santa Fe, wurde gewählt, weil er so weit von den Küsten und nationalen Grenzen entfernt lag, daß eine feindliche Invasion ihn nicht berühren würde. Weit genug außerhalb bewohnter Gebiete, befand er sich doch in der Nähe guter Transportmöglichkeiten.

Oppenheimer liebte die dortige Wildnis, seit er als tuberkulöser Teenager zum ersten Mal ihre Bekanntschaft gemacht hatte. Seit Jahren besaß er ein Ferienhaus ganz in der Nähe von Los Alamos. Als Groves und Oppenheimer das Gelände im November 1942 besichtigten, befand sich dort nichts außer einer Knabenschule. Wie der Physiker John Manley sich später erinnerte, »... stellten sich viele Menschen Los Alamos als einen Ort in der Wüste von Neu-Mexiko vor. Tatsächlich lag die Schule auf einer Hochebene inmitten einer beeindruckenden Landschaft mit vielen verlockenden Spiel- und Wandermöglichkeiten.«

Nachdem das Grundstück gekauft war, behielt die Armee das Hauptgebäude und eine Reihe weiterer bereits vorhandener Schulgebäude und begann, in einer Gewaltanstrengung Laboratorien, Unterkünfte und andere Nutzräume für eine Gemeinschaft von anfänglich ein paar hundert bis später mehr als 2 000 Wissenschaftlern zu bauen. Dazu kamen Familienangehörige und Hilfskräfte, bis die Bevölkerungszahl schließlich auf über 10 000 Einwohner anstieg.

Eine der wenigen Annehmlichkeiten der ursprünglichen Los Alamos Ranch School war eine primitive Skipiste, so wurden Skifahren und Reiten schnell zum Freizeitvergnügen der neuen Bewohner.

Mit der gleichen Kreativität wie für den Bau der Bombe richteten die Wissenschaftler ihren Außenposten ein. Der Chemiker George Kistiakowsky, der einige der wichtigen sprengtechnischen Fragen für die Implosionsbombe bearbeitete, fand zum Beispiel eine effektive Methode, Bäume zu fällen, um die Skipiste zu verbessern: Er benutzte überflüssigen Plastiksprengstoff. »Wenn man die Sprengladung wie eine halbe Halskette am Baum anbringt«, erklärte er, »dann durchschneidet die Explosion ihn wie eine Kettensäge. Aber so geht es schneller, obwohl es ein bißchen mehr Lärm verursacht.«

»In Los Alamos war mehr wissenschaftliches Talent versammelt als zu irgendeiner Zeit, seitdem Isaac Newton allein zu Abend aß«, schreiben die Autoren Lawrence Badash, Joseph O. Hirschfelder und Herbert P. Broida in einer Sammlung von Erinnerungen an Los Alamos zu Kriegszeiten.

Oppenheimer reiste im Lande umher, um Mitarbeiter einzustellen. Trotz der Abgeschiedenheit von Los Alamos und der Belastung, die den Mitarbeitern und ihren Familien auferlegt würde, hatte er in der Regel Erfolg dabei. Wie Oppenheimer später schrieb, fühlten sich viele zunächst abgestoßen von der militärischen Natur des Projekts und »der Vorstellung, für einen unbestimmten Zeitraum in die mexikanische Wüste verbannt zu sein. Aber es gab noch eine andere Seite: Fast jedem war klar, um welch ein großartiges Unternehmen es sich handelte, daß – falls erfolgreich und schnell genug abgeschlossen – den Ausgang des Krieges entscheiden könnte. Fast jedem war klar, daß es sich um eine beispiellose Gelegenheit handelte, Wissen und Können der wissenschaftlichen Forschung zum Wohle des Landes einzusetzen – eine Aufgabe, die – im Falle des Gelingens – in die Geschichte eingehen würde. Diese Stimmung von Erregung, Hingabe und Patriotismus herrschte am Ende vor. Die meisten, mit denen ich verhandelte, kamen nach Los Alamos.«

Wenn man talentierte Menschen dazu bringen kann, einen Film über eine verfolgte Prinzessin und sieben Zwerge zu machen, ist es da ein Wunder, wenn bei solch hochgesteckten Anliegen, wie Los Alamos sie bot, so außergewöhnliche Menschen wie Fermi und Hans Albrecht Bethe eiligst unterschrieben?

Die Physiker und Chemiker, die bereits Pioniere auf dem Feld der Nuklearphysik waren, stellten eine relativ kleine

Gruppe dar, die wechselseitig ihre Fortschritte in Fachjournalen verfolgten. Der große dänische Physiker Niels Bohr, dessen bahnbrechende Arbeit über die Quantentheorie ihm 1922 den Nobelpreis einbrachte, hatte schon in den zwanziger Jahren internationale Konferenzen zu diesem Thema organisiert, die alle wichtigen Wissenschaftler anzogen – einschließlich Heisenberg. Auch Oppenheimer war Teil dieses internationalen Fachkreises, und so rekrutierte er die Mitarbeiter mit einer hochrangigen Wunschliste in der Hand.

Trotz der strengen Geheimhaltungsvorschrift zögerten einige nicht, gegenüber anderen Wissenschaftlern mehr als zulässig Informationen preiszugeben, um sie zur Teilnahme zu gewinnen. Robert R. Wilson, ein früherer Student Oppenheimers, der zu dieser Zeit an der Princeton-Universität lehrte, war verantwortlich dafür, Harvards Zyklotron für Los Alamos einzusetzen. Wilson warb auch den jungen Richard Feynman – damals ein graduierter Student der Princeton-Universität – an. Feynman, der später den Nobelpreis für seine Arbeit über Quanten-Elektrodynamik erhielt, erinnert sich noch nach Jahren an folgende Situation:

Wilson kam zu ihm ins Zimmer und erzählte ihm, er sei für ein geheimes Projekt zur Trennung der Isotopen des Urans engagiert. Zu diesem Thema sei am gleichen Tag um drei Uhr ein Meeting anberaumt. Feynman erwiderte, er sei nicht interessiert, versicherte Wilson jedoch, er werde die Sache auf jeden Fall geheimhalten. »Dann«, erinnert sich Feynman, »ging ich zurück, um an meiner These weiterzuarbeiten – ungefähr drei Minuten lang. Ich begann, im Raum auf- und abzugehen, und über das, was ich gerade gehört hatte, nachzudenken. Die Deutschen hatten Hitler. Die Wahrscheinlichkeit, daß sie eine Atombombe entwickelten, war offensichtlich, und die Möglichkeit, daß sie es vor uns taten, äußerst beängstigend. Ich entschloß mich deshalb, zu dem Meeting um drei Uhr zu gehen. Um vier Uhr besaß ich bereits einen Schreibtisch in einem Raum und versuchte auszurechnen, ob diese spezielle Methode eingeschränkt würde durch die Gesamtladung, die man in einen Ionenstrahl pakken konnte, na ja, und so weiter ... Ich hatte einen Schreibtisch und Papier, und ich arbeitete so hart und so schnell ich konnte, damit die Kollegen, die das Ding bauten, gleich ihre Experimente durchführen konnten.«

Obwohl die Arbeit an der Bombe auch an der Universität von Chicago, wo Fermi 1942 als erster Nuklearenergie produzierte und kontrollierte, und an einigen anderen Standorten fortbestand, fand sich die Crème de la crème der westlichen Wissenschaft zunehmend in Neu-Mexiko ein. Feynman übertrieb nicht, wenn er behauptete: »Die Wissenschaft hörte während des Krieges praktisch auf zu existieren, der kleine Teil, der noch in Los Alamos existierte, ausgenommen. Viel Wissenschaft war das aber auch nicht, sondern eher Konstruktionstätigkeit.«

Das Durchschnittsalter der Wissenschaftler betrug 25 Jahre. Ruth Marshak, die als Lehrerin in der Grundschule unterrichtete, beschreibt Los Alamos als »eine in sich abgeschlossene Welt, eine Insel irgendwo in den Wolken«. Das hochgeheime stacheldrahtumzäunte Areal wurde von bewaffneten Wachtposten kontrolliert (allerdings gab es ein Loch, durch das die Indianer aus den naheliegenden Pueblos schlüpften, um ins Militärkino oder zum PX zu gehen).

Die Tätigkeit der Los-Alamos-Mitarbeiter unterstand einer derartigen Geheimhaltung, daß selbst die Ehefrauen der Angestellten nicht genau wußten, um was es dabei ging. Die Post wurde zensiert, es gab keine persönlichen Telefonanschlüsse. Das Leben im Lager war hart und die schlechte Wohnqualität ein konstantes Ärgernis. Im Winter gerieten die Heizkessel außer Kontrolle und überhitzten die Wohnungen, so daß Kerzen schmolzen und die Wände zu knistern begannen. Als besonders ärgerlich wurde das Fehlen von Badewannen und Badezimmerschlössern in den neuen und schlecht gebauten Behausungen empfunden, die nicht dazu geeignet waren, den Krieg zu überdauern. Die begehrtesten Heime in Los Alamos lagen an der sogenannten Badewannengasse und gehörten zu einer Reihe von Vorkriegshäusern, ausgestattet mit echten Badewannen, nicht nur mit den von der Regierung gelieferten Duschen. Acht der älteren Häuser waren rattenverseucht, aber die Bewohner kämpften dennoch um sie. Eine Badewanne war der sicherste Weg, um die ebenfalls raren Babysitter bei der Stange zu halten. Wasserknappheit stellte gleichfalls ein häufiges Übel dar, dasselbe galt für frische Milch oder Eier und Gemüse. Staub dagegen war im Überfluß vorhanden.

Zweifellos trugen die Frauen im täglichen Umgang mit diesen Nöten eine größere Last als ihre gedankenverlorenen Männer. Ruth Marshak, die Frau des Physikers Robert Marshak, weiß noch heute, was sie dabei empfand, als ihr Mann täglich, außer an Sonntagen, im »Heiligsten des Heiligen«, dem technischen Bezirk mit eigenem Stacheldrahtverhau, verschwand. Wie sie betont, waren es die Frauen, die den Preis dafür zahlten, daß ihre Männer Geschichte machten. »Der technische Bezirk«, erklärt sie, »war wie eine große Grube, die unsere Ehemänner verschluckte – weg aus unserem Sichtfeld – ja fast aus unserem Leben.« Nicht nur Neugier und Ehrgeiz fesselte die Männer an ihre Arbeit, sondern auch ein begeisterter Patriotismus. Sie arbeiteten wie nie zuvor. Sie arbeiteten sogar nachts – oft kamen sie erst um drei oder vier Uhr morgens nach Hause. Mitunter wurden Armeefeldbetten in den Labors aufgestellt – dann kamen sie überhaupt nicht. Wenige Frauen wußten, was ihre Männer eigentlich suchten, begriffen nicht das großartige Ausmaß ihrer Forschungen. Einsamkeit und Kummer waren für einige dieser Frauen während der Jahre der Entstehung der Atombombe nur sehr schwer zu ertragen.

Vielleicht ist es falsch, hier eine Kausalität herzustellen, aber unter jenen Frauen befand sich auch Kitty Oppenheimer, die in Los Alamos so stark zu trinken begann, daß eine andere Frau den Betreuungsdienst für die Labors übernehmen mußte.

Ungeachtet der Einsamkeit der Frauen herrschte in Los Alamos eine sexuell ungemein aufgeladene Atmosphäre. Jean Bacher, deren Ehemann Robert die Bombenphysik-Abteilung leitete (und nach dem Krieg Befürworter der friedlichen Nutzung der Atomenergie wurde), beschreibt Los Alamos als »... verwirrend hemmungslos und sehr angespannt« – eine Stimmung, die offenbar die Reproduktion förderte. Der große amerikanische Babyboom mußte bis zum Ende des Kriegs warten, aber Los Alamos, wo junge Männer trotz der Beschäftigung mit Verteidigungsaufgaben nicht von ihren Frauen getrennt waren, sorgte für einen eigenen Mini-Babyboom. 80 Kinder wurden bereits im ersten Jahr geboren und danach zehn weitere jeden Monat. Wir wissen, wer die Väter waren: Sie standen auf Kisten vor den hochgelegenen Krankenhausfenstern, um einen stolzen Blick auf ihre Sprößlinge im Babyzimmer zu werfen. Es heißt, Groves sei über die Fruchtbarkeit seiner »Primadonnen« sehr aufgebracht gewesen. Sogar die Oppenheimers bekamen während des Projekts eine Tochter, die sie Katherine nannten. Als das Gerücht aufkam, Groves wolle etwas gegen diesen unerhörten Bevölkerungszuwachs unternehmen, machte innerhalb der Los-Alamos-Gemeinschaft folgender Knittelvers die Runde:

The General's in a stew
He trusted you and you
He thought you'd be scientific
Instead you're just prolific
And what is he to do?

General oder nicht, die Babyproduktion in Los Alamos ging unvermindert weiter.

Abgesehen von ihren Aufgaben als Mütter und Ehefrauen, war die Rolle der Frauen beim Manhattan-Projekt wenig spektakulär. Dagegen hatten in jedem Stadium der Geschichte der Nuklearphysik Frauen entscheidenden Anteil – angefangen bei Madame Curie, der Entdeckerin des Poloniums und des Radiums, bis hin zu Lise Meitner, der schmerzlich wenig gerühmten Physikerin, die gemeinsam mit ihrem Neffen Otto Frisch zum ersten Mal bewies, wie das Freisetzen von Neutronen eine enorme Menge Energie erzeugen konnte. Im technischen Bezirk stellten Frauen jedoch eine verschwindende Minderheit dar. Zwar gab es vereinzelt Physikerinnen und andere Wissenschaftlerinnen, aber in der Regel wurden den Frauen eher unterstützende Tätigkeiten zugewiesen. Sie beschäftigten sich mit ermüdenden mathematischen Kalkulationen oder dienten als Sekretärinnen.

Immer wieder haben wir uns gefragt, warum Frauen nicht in größerer Zahl in Los Alamos, PARC und vielen anderen genialen Teams vertreten waren. Ganz offensichtlich wurde in Los Alamos eine tragische Verschwendung weiblichen Talents toleriert, wie es praktisch überall in der westlichen Welt geschah, ehe vor relativ kurzer Zeit eine neue große feministische Strömung diesen Zustand in das Licht der Öffentlichkeit zog. Daß ein derartiger Mißstand sogar in schöpferischen und grenzüberschreitenden Gemeinschaften wie der in Los Alamos üblich zu sein schien, stimmt besonders nachdenklich – um so mehr, betrachtet man die kooperative Struktur dieser Gruppe. Immerhin sind Frauen in vielen Bereichen Pioniere der Zusammenarbeit gewesen. Frauen haben immer an vorderster Linie gekämpft, wenn es darum ging, unsere gemeinsamen Probleme zu benennen und gemeinschaftlich Lösungen zu finden. Dennoch wurden sie immer wieder ausgeschlossen oder, besser gesagt, marginalisiert, und das in einigen der wichtigsten Gruppenprojekte unserer Zeit.

Eine allzulange gepflegte Tradition der Ausgrenzung ist einer der Gründe dafür. Aber wir erwiesen uns selbst einen schlechten Dienst, blickten wir nicht weiter, um mögliche andere Gründe zu finden. Bilden wir Frauen anders aus? (Die Antwort ist mit Sicherheit: ja!) Erwarten wir nicht – was familiäre Pflichten betrifft – noch immer von Frauen etwas anderes als von Männern? Und erwarten Frauen und Männer diesbezüglich nicht auch Unterschiedliches für sich selbst?

Der Mut der Frauen von Los Alamos steht außer Frage. Aber nur wenige Frauen – wie außergewöhnlich auch immer – konnten den Mangel an Gleichstellung zu den am Projekt beteiligten Männern verwinden. Anders als die Percy Shelleys dieser Welt haben die Mary Shelleys viel mehr Schwierigkeiten, ihre Ohren gegenüber dem Weinen ihrer hungrigen Babys zu verschließen. Bei einer Nachkriegskonferenz zu diesem Thema befragt, betonte Laura Fermi, es habe in Los Alamos durchaus Frauen in wichtigen

Positionen gegeben. »Mary Argo war eine Physikerin, die in dem Projekt einige Verantwortung trug«, erklärte Fermi, um dann mit einer Phrase, die Bände spricht, hinzuzufügen: »Aber sie mußte sich natürlich auch um die Kinder kümmern.« Sicher – irgend jemand mußte es ja tun!

Ungeachtet der extremen Bedingungen in Los Alamos waren die meisten der Wissenschaftler und Mitarbeiter geradezu euphorisch gestimmt. Victor Weisskopf, einer der emigrierten Theoretiker, erinnert sich: »Wissen Sie, um uns herum war ein hoher Zaun, und wir sagten immer, ›dieser Zaun hindert uns ja nicht daran, hinauszugehen, er hält die anderen lediglich davon ab, hereinzukommen‹. Wir waren überzeugt davon, uns an einem sehr speziellen Ort zu befinden und daß die Leute da draußen uns dafür beneideten, an einer solch interessanten und wichtigen Sache arbeiten zu dürfen.« Weisskopf betont auch, daß viele der Wissenschaftler insgeheim gehofft hätten, die Herstellung der Bombe werde sich als unmöglich herausstellen. Als jedoch ihre Realisierung in Reichweite lag, bestärkten sie sich gegenseitig in dem Glauben, die Existenz dieser Bombe würde das Ende nicht nur dieses, sondern aller Kriege bedeuten.

Obwohl die Frage nach der moralischen Berechtigung der Bombe bei vielen Mitarbeitern Kopfzerbrechen verursachte, glaubte doch niemand von ihnen, daß es besser wäre, wenn die Deutschen ihnen zuvorkämen. Diese Furcht bestimmte das verzweifelte Tempo in Los Alamos. Charlotte Serber, die wissenschaftliche Bibliothekarin des Projekts, die neben Büchern auch die Geheimdokumente verwaltete, meint, das Leben im technischen Bereich habe eine »hyperthyreose Qualität« gehabt. Das Tempo sei zu schnell gewesen, die Aufregung zu groß. Die Abteilung befand sich in einem permanenten Krisenzustand, und bald wurde klar, daß Beschleunigung das gängige Tempo war und Aufregung die gängige Stimmung. In dieser aufgeladenen Atmosphäre ließ sich die Außenwelt eine Zeitlang ignorieren. Zweifel über die Konsequenzen der Bombe wurden auf Eis gelegt. Die Arbeit half zuweilen, vom persönlichen Leid der Teilnehmer abzulenken, deren Familien sich teilweise noch in Europa befanden, oder – wie bei Feynman – dessen junge Frau mit Tuberkulose im Krankenhaus von Santa Fe im Sterben lag. Auch bei Oppenheimer, der bis zur Erschöpfung und völligen Auszehrung arbeitete, hatte es den Anschein, er brauche die Arbeit als eine Art Flucht aus Depressionen und Selbstmordgedanken, die sein ganzes Leben wie ein dunkler Schatten begleiteten.

Obwohl der Zweck des Projekts ehrenwert war und todernst, die Stimmung war es nicht. Wie in allen genialen Teams, so hatten auch hier die Teilnehmer enorm viel Spaß. Entgegen einem verbreiteten Vorurteil sind Wissenschaftler keine strengen, humorlosen Zeitgenossen. Oppenheimer, eine philosophische Natur, könnte man als einen eher ernsten Menschen bezeichnen, doch einige seiner Kollegen waren alles andere als schwermütig. Bethe, Oppenheimers rechte Hand, soll geradezu fröhlich und ausgelassen gewesen sein. Jedenfalls berichtet Hirschfeld, Gruppenleiter des Waffendepots und der Theoretischen Abteilung: »Mein Büro befand sich am Ende des Ganges. Wenn Bethe und Feynman zusammen arbeiteten, war das nicht zu überhören. Dröhnendes Gelächter und albernes Gekichere tönten bis hin zu mir.«

Auch Sicherheitsvorschriften und sonstige militärische Reglementierungen waren Zielscheibe von Spott und Humor der zivilen Mitarbeiter. Ihre Top-Secret-Mission war so geheim, daß sogar die Bezeichnung Physiker oder Chemiker verboten war (auch nicht Doktor oder Professor). So nannte man die Physiker kurzerhand »Fizzlers« und die Chemiker »Stinker«. Die Atombombe selbst erhielt den Namen »the Gadget« – das Gerät.

Auch Fermi hatte eine entschieden koboldhafte Seite. Sein Tarnname lautete »Mr. Farmer«, und man erzählt, er habe Niels Bohr (in Los Alamos bekannt als »Nicholas Baker« oder »Onkel Nick«) von dem Besuch eines Films über Madame Curie folgendermaßen berichtet: »Ich habe gerade einen großartigen Film gesehen! Wie er heißt? Madame ... Cooper.« Eine andere Geschichte belegt den ausgeprägten Humor in Los Alamos: Ein Witzbold ließ zwei Tage lang Werner Heisenberg über das öffentliche Telefon ausrufen. Endlich erklärte jemand der armen Telefonistin, man habe sie verulkt und, wenn sie Heisenberg erreichen wolle, dann müsse sie Verbindung mit Berlin aufnehmen, wo er gerade das deutsche Bombenprojekt vorantreibe.

Die Abende und Sonntage in Los Alamos standen den hyperaktiven Werktagen in nichts nach. Nicht selten wurden ausgelassene Partys veranstaltet; Square dancing artete zu einer regelrechten Manie aus. Im Krankenhaus war das Personal ständig mit den Folgen von Skiunfällen beschäftigt. Die Los-Alamos-Bewohner entdeckten die wunderschöne indianische Töpferkunst von Maria Martinez im nahen San Ildefonso Pueblo, und Kistiakowsky führte die Europäer in die Geheimnisse des Pokerns ein, wobei er Gewinn auf Gewinn einstrich, bis sie den Dreh 'raushatten.

Los Alamos hatte keine »Stammes«-T-Shirts, aber es brachte einige außergewöhnliche Uniformen hervor. In den Vereinigten Staaten der vierziger Jahre trugen die Frauen bei einem Stadtbummel noch immer Handschuhe und Hüte. Aber auf der »Insel in den Wolken« waren die Damen sehr lässig gekleidet und trugen – damals noch ungewöhnlich –

Jeans. Auch voluminöse Fiesta-Folkloreröcke, Eingeborenen-Schmuck und Mokassins erfreuten sich großer Beliebtheit. Viele Männer trugen karierte Hemden, Jeans oder ungebügelte Hosen. Krawatten wurden lediglich hervorgeholt, wenn man sich fotografieren lassen wollte. »Oppie« war bekannt für seinen »Porkpie Hat«.

Die verbindende Kultur von Los Alamos ließ sich leicht karikieren. Donald Flanders, Leiter der Rechenabteilung in der Theoretischen Division, schrieb ein Comicballett, welches er »Sacre du Mesa« nannte. Unter dem Spitznamen »Moll« tanzte Flanders die Rolle des General Groves. Sein wichtigstes Requisit – erinnert sich Bernice Brode, die im Rechenzentrum von Los Alamos arbeitete – »war ein mechanisches Gehirn, das aufleuchtete, knallende und spuckende Geräusche von sich gab und dauernd falsch kalkulierte, zum Beispiel 2 + 2 = 5.«

Oppenheimer selbst war die Person, die Los Alamos zusammenhielt. Teller – obgleich er später so bitter mit Oppenheimer brach – äußerte sich nur voll des Lobes über dessen Führung des Kriegszeitenlabors. »Oppie war über jede Einzelheit in jedem Teil des Labors informiert«, erzählt er 1983. »Er war unbeschreiblich schnell und aufnahmefähig, sowohl im Analysieren von menschlichen als auch von technischen Problemen. Er konnte organisieren, schmeicheln, humorvoll sein, trösten und beruhigen. Er wußte, wie man kraftvoll führt, ohne das jemanden spüren zu lassen. Er war ein Vorbild an Hingabe, ein Held, der niemals seine Menschlichkeit verlor. Enttäuschte man ihn, so hatte man unweigerlich das Gefühl, etwas Schlechtes getan zu haben. Los Alamos verdankt seinen unglaublichen Erfolg der Brillanz, dem Enthusiasmus und Charisma von Oppenheimers Führung.«

Man muß Groves' Scharfsinn rühmen, der als einziger Oppenheimers Potential schon früh erkannte. Oppenheimer machte in Los Alamos eine Wandlung durch. Er verwandelte sich in den, der gebraucht wurde. Ein kleines, aber bezeichnendes Beispiel: In Berkeley setzte Oppenheimer seine Vorlesungen nie vor elf Uhr morgens an – in Los Alamos war er um sieben Uhr dreißig an seinem Schreibtisch. Bethe, den Oppenheimer als Leiter der Theoretischen Abteilung Teller vorzog, äußerte sich ebenso überschwenglich über Oppenheimers Qualitäten: »Wenn er irgend etwas hörte, verstand er sofort, worum es ging, fügte es in ein generelles Schema ein und zog die richtigen Schlüsse. Es gab einfach niemanden in diesem Laboratorium, der ihm das Wasser reichen konnte, was sein Wissen betraf, aber er strahlte auch menschliche Wärme aus. Man hatte immer den Eindruck, Oppenheimer kümmere sich um die Arbeit jedes einzelnen. Sprach er mit jemandem über dessen Arbeit, dann versicherte er immer, wie wichtig sie für das Gelingen des gesamten Projekts sei. Ich erinnere mich an keine einzige Gelegenheit in Los Alamos, wo er zu irgend jemandem – im Unterschied zur Vor- und Nachkriegszeit – unfreundlich gewesen wäre. In Los Alamos gab er keinem je das Gefühl von Unterlegenheit!«

Weisskopf spricht von Oppenheimers kontinuierlicher und konzentrierter Anwesenheit, »... die uns allen ein Gefühl unmittelbarer Teilnahme vermittelte. Sie schuf diese einzigartige Atmosphäre von Begeisterung und Herausforderung, die diesen Ort während seines Bestehens so stark prägte.« Weisskopf berichtet, Oppenheimer habe eine fast unheimliche Begabung gehabt, in kritischen Momenten eines komplizierten Prozesses plötzlich aufzutauchen. »Ich habe keinen Schimmer, wie er herausfand, daß wir gerade in eine Diskussion um etwas sehr Wichtiges verwickelt waren oder ein Experiment sich dem Endstadium näherte, wo die Resultate sichtbar wurden – sogar wenn das um vier Uhr morgens geschah –, er war da.«

Einige seiner Kollegen sprechen davon, durch den Kontakt mit Oppenheimer »geadelt« worden zu sein. »Oppenheimer hat meinen Horizont erweitert«, sagt Wilson. »Sein Stil, seine poetische Vision des Lebens und dessen, was wir taten, seine Beziehung zu Menschen begeisterten mich. In seiner Anwesenheit wurde ich klüger, beredter, vorausschauender, poetischer.« Einige seiner Bewunderer verweisen auf die gespannte Erregtheit, die das Unternehmen erfüllte.

Der Physiker I. I. Rabi beschreibt es so: »Er schuf eine Atmosphäre der Erregung, der Begeisterung und hoher intellektueller und moralischer Zielsetzung, die denen, die dabei waren, als eine der großen Erfahrungen ihres Lebens noch immer gegenwärtig ist.« Auch wenn einige nach dem Krieg sehr verstört waren durch die Meldung, Oppenheimer – ständig von Sicherheitsbeamten in die Mangel genommen – sei bereit gewesen, Namen anderer Linksaktivisten preiszugeben, galt sein moralisches Vorbild als unbefleckt. Das Zutrauen in die Kompetenz des Gruppenleiters, die korrekte Marschrichtung anzugeben, war niemals wichtiger als damals, als man den brillantesten Wissenschaftlern der Welt auftrug, die verheerendste Waffe der Welt zu konstruieren.

In Los Alamos erwies sich Oppenheimer sowohl als Visionär als auch als Mann der Tat, denn trotz aller Euphorie und Kameraderie war dieser Ort kein Paradies. Obwohl die Wichtigkeit der Arbeit viele persönliche Spannungen im Zaum hielt, ließen sich diese nicht immer unterdrücken. Oppenheimer mußte sich zuweilen zu einschneidenden personellen Entscheidungen durchringen, wollte er das Unternehmen voranbringen.

So konnte zum Beispiel Teller äußerst unangenehm sein und ließ sich außerdem in keiner Weise von Bethe etwas vorschreiben. Als klar war, daß sich Tellers Genie weder durch Zwang noch durch Schmeichelei in die notwendige Aufgabenteilung einfügen würde, stellte Oppenheimer ihn zur Forschung im Bereich der Kernverschmelzung – statt der Kernspaltung – frei. Einen anderen Weg, sich Tellers einzigartige Gaben zunutze zu machen, fand Oppenheimer nicht.

Eine weitere schmerzliche Entscheidung betraf die dauernden Spannungen zwischen Kistiakowsky und Neddermeyer. Es war Neddermeyer, der als erster die Implosionsbombe vorschlug, die schließlich »Fat Man« genannt wurde. Kistiakowsky, vom Chemiker zum Sprengstoffexperten umgeschult, war nach Los Alamos gekommen, um die Implosionsarbeiten zu übernehmen, während Neddermeyer weiterhin die wissenschaftlichen Aspekte bearbeitete. Kistiakowsky kam gut mit Deke Parsons, dem für die Waffenabteilung zuständigen Marineoffizier, zurecht; mit diesem wiederum hatte sich Neddermeyer verkracht. Mitte 1944 schließlich war Kistiakowsky infolge des ständigen Mißtrauens Neddermeyers und der schlechten Arbeitsatmosphäre derart entnervt, daß er seine Kündigung anbot. Überzeugt, Kistiakowsky sei zu wertvoll, um seinen Verlust zu riskieren, entschloß sich Oppenheimer, ihn an die Spitze des gesamten Implosionsprojekts zu setzen, wobei er lediglich Parsons unterstellt war. Neddermeyer bot er eine Stelle als Oberster Technischer Berater an – eine entwürdigende Herabstufung. In einem Brief an Neddermeyer schrieb Oppenheimer, er hoffe, dieser sei in der Lage, sein neues Tätigkeitsfeld zu »akzeptieren ... im Interesse des Erfolgs des gesamten Projekts wie auch des Seelenfriedens und der Effektivität der übrigen Arbeiter des High-Explosive-Programms«. Rhodes erinnert sich, wie »Neddermeyer mit anhaltender Verbitterung in den sauren Apfel biß«. Mitglieder genialer Teams sind meistens bereit, ihr Ego der Mission unterzuordnen, aber Selbstlosigkeit lindert nicht notwendigerweise den Schmerz.

Die Frage bleibt bestehen, ob Oppenheimer in Los Alamos in diesem Umfang anerkannt, ja sogar geliebt worden wäre, hätte Groves nicht einen so perfekten Blitzableiter für aufgestaute Spannungen abgegeben. Für alles, was falsch lief, wurde Groves verantwortlich gemacht – vom Verfallsdatum der Eier bis hin zur Arbeitseinteilung der Chicano- und Indianer-Haushaltshilfen. »Er arbeitete extrem hart und effizient, aber irgendwie hatte er das Pech, die falschen Dinge zu sagen und die Leute zu verärgern«, erinnert sich Hirschfelder. »Er verstand die Wissenschaftler einfach nicht, und sie haßten ihn. Als er beispielsweise seine Tochter ermutigen wollte, Physik zu studieren, sagte sie zu ihm: ›Aber Vater, du weißt doch, was die Physiker von dir halten!‹«

Hirschfelders Ansicht nach war es Groves' geringes Selbstbewußtsein, das ihn ins Verderben riß – er ließ andere zum Beispiel gerne wissen, daß Oppenheimer ihm unterstellt war. Vielleicht mag auch die elitäre Haltung der Wissenschaftler eine Rolle gespielt haben, denn grundsätzlich war er ein außergewöhnlicher Vorgesetzter, der zusätzlich zu seinen Verpflichtungen in Los Alamos die umfangreichen Urangewinnungsanlagen des Projekts in Oak Rich, Tennessee, und die Atommeiler in Hanford, Washington, baute und betreute.

Wie bei PARC, so standen sich auch die Wissenschaftler in Los Alamos mit Rat und Tat zur Seite. Mitunter arbeitete man auch eine Zeitlang am Projekt eines anderen mit. Gelegentlich wurden auch Spezialisten für besonders knifflige Probleme nach Los Alamos geholt, die man nach getaner Arbeit gleich auf zusätzliche Projekte ansetzte. (Aus Sicherheitserwägungen durften diese Wissenschaftler nicht zu ihrer Universität oder ihrem Labor zurückkehren, bevor der Krieg beendet war.) Hirschfelder war das klassische Beispiel: Als Physiker brachte man ihn nach Los Alamos, damit er die Eigenschaften der Kanone und ihrer Ladung zur Zündung der angereicherten Uranbombe – »Little Boy« – herausfand. Er und seine Kollegen beendeten ihre Aufgabe innerhalb von drei Wochen. Wenig später sah er sich als Leiter der Theoretischen Abteilung, wo seine Gruppe die Folgeerscheinungen unmittelbar nach der Explosion der Bombe abschätzen sollte. Hirschfelder und sein Team vertieften sich daraufhin in wissenschaftliche Abhandlungen über Aerodynamik, Umweltverschmutzung und die Physik von Sandstürmen. Dabei stießen sie unter anderem auf die Erkenntnis – die allerdings viele nicht wahrhaben wollten, bis sie den erschreckenden Beweis dafür sahen – daß die Explosion der Bombe radioaktiven Niederschlag verursachte. (Daraus zog Hirschfelder die Lehre, daß intellektuelle Beweglichkeit ebenso Ziel einer höheren Schulbildung sein müsse wie die Beherrschung eines bestimmten Faches.)

Suchte man in Los Alamos für eine Aufgabe die passende Besetzung, bewertete man die Kandidaten – wie auch bei anderen genialen Teams üblich – nicht aufgrund irgendwelcher Empfehlungsschreiben. So plante man beispielsweise 1942, das Uran-Isotop 235 aus dem häufiger vorkommenden U-238 zu gewinnen – die Möglichkeit der Vergasung wurde verworfen, da kein zufriedenstellendes Trennmittel für den Vorgang existierte. Das ungewöhnliche Team, das zur Lösung des Problems zusammengestellt wurde, bestand aus dem Dekorateur und Autodidakten Edward Norris, der ein neuartiges System für Sprühlackierung patentiert hatte, und dem Chemiker Edward Adler, einem Lieblingsstudenten des Nobelpreisträgers und Chemikers Harold Urey. Das Duo schlug einen Nickel-Netzabschneider vor, der vielversprechend genug aussah, um den Bau einer Pilotproduktionsstätte zu rechtfertigen (am Ende wurde allerdings doch einer anderen Lösung der Vorzug gegeben).

In Los Alamos mußte viel Handarbeit geleistet werden. Kistiakowsky liefert uns ein dramatisches Beispiel dafür: Die Implosionsbombe erforderte perfekt geformte Ladungen. Also entwickelten er und seine Kollegen eine Vorrichtung zum Röntgen der explosiven Gußstücke, um eventuelle, durch Lufteinschlüsse erzeugte Mängel zu entdecken.

Dennoch gelang es ihnen nicht, perfekte Gußstücke zu produzieren. Unter dem Druck des vorgesehenen Trinity-Tests arbeitete Kistiakowsky die Nächte durch, bewaffnet mit einem Zahnbohrer, um die Lufttaschen in den fehlerhaften Gußstücken aufzubohren und mit explosivem Sprengstoff zu füllen. Kistiakowsky nahm die mühevolle, gefährliche Aufgabe gelassen hin. »Ich mach' mir keine Sorgen«, sagte er zu Rhodes. »Weißt du, wenn dir eine 50-Pfund-Sprengladung in den Schoß fällt, dann merkst du überhaupt nichts davon.«

Pragmatismus war das Evangelium von Los Alamos. Häufig – nicht nur, wenn es um Ausrüstung ging – mußte improvisiert werden. Leute wie Teller, die auf jede Geringfügigkeit reagierten und sich stets auf Konfrontationskurs befanden, erreichten in der Regel weniger als diejenigen, die schlaue indirekte Wege fanden, um an das zu kommen, was sie benötigten.

Eines Tages besuchte ein britischer Sprengstoffexperte Kistiakowsky in seinem Labor. Der Engländer war der Meinung, der von Kistiakowsky bevorzugte Sprengstoff, Baratol, sei weniger wirkungsvoll als Dynamit. Unglücklicherweise handelte es sich bei jenem Mann um Lord Cherwell, Churchills obersten wissenschaftlichen Berater. Kurz nach diesem Besuch rief Oppenheimer Kistiakowsky in sein Büro und berichtete ihm, Roosevelt habe ein Telegramm von Churchill erhalten, in dem er ihm mitteilte, daß Baratol nicht funktionieren würde. Kistiakowsky erinnert sich noch gut an seine Wut. Dennoch tat er der Notwendigkeit Genüge: Er richtete eine wissenschaftliche Gruppe zur Untersuchung der Vorteile von Dynamit für dieses Projekt ein. Seinem Instinkt nach hätte er sich vielleicht vergeblich gegen das Schicksal aufgelehnt, doch fand er, um sicherzugehen, daß die Arbeiten mit Dynamit nicht mit seiner eigenen Baratol-Arbeit kollidierten, einen genialen Weg: Er ging die Personalliste durch und wählte für das Dynamitprojekt nur solche Leute aus, die bisher absolut nichts zum Projekt beigetragen hatten. Vorsätzlich mit »tauben Nüssen« ausgestattet, stellte die Dynamitgruppe keine Bedrohung für sein eigenes Team dar.

Einige waren nach Los Alamos gekommen in der stillen Hoffnung, die Bombe möge sich als nicht zu verwirklichen erweisen. Mit diesen Hoffnungen war am 16. Juli 1945 für alle Zeiten Schluß – mit dem Trinity-Test bewahrheitete sich, was Jane Wilson »die Geburt eines Monsters« nennt. Jane Wilson, eine der Ehefrauen in Los Alamos, ahnte, daß etwas Besonderes sich am Morgen des besagten Tages ankündigte. Sie blickte von der Skipiste in den Jemez-Bergen aus nach Süden, in Richtung des Testgebiets bei Alamogarodo, und zählte: »Fünf Uhr. Fünf Uhr fünfzehn. Dann geschah es! Ein blendendes Licht, wie niemand es je zuvor gesehen hatte. Brennende Bäume flogen mir entgegen. Der Berg entflammte. Später das lange, träge Rumpeln. O ja! Etwas ist geschehen! Zum Guten oder zum Schlechten. Etwas Wundervolles. Etwas Schreckliches.«

Der monumentale Flash ließ Oppenheimer an eine Passage in seiner geliebten *Bhagawadgita* denken: »Ergösse das Licht von tausend Sonnen sich über den Himmel, es wäre gleich dem Glanz des Allmächtigen.« Die verhängnisvolle Wolke, die folgte, rief ihm ein anderes Zitat ins Gedächtnis: »Nun bin ich der Tod, der Zerschmetterer von Welten.«

Immer am Experimentieren, beschäftigte Fermi sich mit der Beobachtung von Papierfetzen, die er hatte fallen lassen, um die Stärke der Explosion zu berechnen. Die Explosion ließ die Papierstücke zweieinhalb Meter weiter flattern, was ihn zu der korrekten Schätzung veranlaßte, die Bombe entwickle eine Zerstörungskraft von 10 000 Tonnen TNT. Die meisten der Wissenschaftler äußerten sich euphorisch über den erfolgreichen Test. Bob Wilson (Janes Ehemann) nicht; er erklärte Feynman, sie hätten etwas Schreckliches geschaffen. Auch Trinity-Direktor Kenneth Bainbridge gab sich düster. Er gratulierte Oppenheimer und den übrigen Wissenschaftlern und sagte dann zu Oppenheimer: »Jetzt sind wir allesamt Hundesöhne.« Die makabersten Worte sprach später Groves. Einer seiner Generäle kam zu ihm und sagte: »Der Krieg ist vorbei.« – »Ja«, entgegnete Groves, »wenn wir zwei Bomben auf Japan geworfen haben.«

An irgendeinem Punkt während der Entstehungszeit verloren die Wissenschaftler die Kontrolle über die Bombe. Daß es so kommen würde, war unvermeidlich. Bohr, der mittlerweile die Bombe sowohl als einen nie dagewesenen Horror als auch eine nie dagewesene Möglichkeit ansah, den Krieg zu beenden, versuchte heldenhaft, die öffentliche Politik zu beeinflussen. Er traf sich mit Roosevelt und Churchill und trat für ein weises Teilen nuklearer Geheimnisse ein und für die Schaffung einer internationalen Kontrolleinrichtung von Atomwaffen. Roosevelt war geneigt – Churchill nicht. Diese Ansätze wurden abrupt unterbrochen: Am 12. April 1945 starb Roosevelt. Der neue Präsident, Harry S. Truman, wußte bis zu seiner Vereidigung nichts von Los Alamos und seiner furchtbaren Waffe. 1945 waren es nicht nur die Kriegstreiber, die sich für den Einsatz der Bombe gegen die Japaner aussprachen. Die Alliierten hatten schreckliche Verluste im Pazifik erlitten und waren überzeugt, die Japaner würden ihre Heimatinseln bis zum Tode verteidigen. Im Falle einer Invasion in Japan schätzten die Experten die Verluste auf Hunderttausende alliierter Soldaten. Man fragte sich, ob eine Demonstration der Bombe genügen würde, um den Kaiser zur Kapitulation zu zwingen. Sogar Oppenheimer war sich dessen nicht ganz sicher.

Am Morgen des 6. August 1945 um 8.16 Uhr warf die Enola Gay die erste Atombombe auf Hiroshima. Anders als die Implosionsbombe war die technisch weniger aufwendige »Little Boy« nie zuvor getestet worden. Die Männer, die sie gebaut hatten, wußten, sie würde funktionieren. Ungefähr 100 000 Menschen erlitten bei dem Angriff einen unvorstellbar schrecklichen Tod, und Tausende starben in den darauffolgenden Monaten und Jahren an den Auswirkungen radioaktiver Strahlung.

Truman soll einmal seinen Außenminister gebeten haben, ihm Oppenheimer vom Leibe zu halten. »Wenn man es recht bedenkt«, sagte er, »dann hat Oppenheimer nichts weiter getan, als die Bombe zu bauen. Ich bin der Kerl, der sie abgefeuert hat.« Truman wurde nicht von den Skrupeln

geplagt, die Bohr und anderen Qualen bereiteten. »Die
Bombe wurde uns in den Schoß gelegt, also haben wir sie
benutzt«, konstatierte er. »Wir haben sie eingesetzt, um das
Leiden junger Amerikaner zu verhindern.«

Geniale Teams sind getrieben von dem Wunsch, die Welt
zu verändern – wenige habe es so entschieden getan wie das
Manhattan-Projekt. Viele, die in Los Alamos waren, haben
sich ihr Leben lang mit den Auswirkungen ihrer Arbeit aus-
einandersetzen müssen. Was sie dort gemeinsam schufen,
war für sie so schwierig, aufregend und ungeheuer wichtig
wie keine andere Erfahrung ihres Lebens. Aber es hatte die
Welt auf eine Art und Weise verändert, die Fragen über den
Umgang mit Wissenschaft, Technologie und menschlicher
Kreativität aufwarfen, mit denen wir uns noch heute be-
schäftigen.

15 Regeln für das Management genialer Teams

Das Leben in genialen Teams ist nicht nur verschieden vom Alltag: Es ist besser! Die großen Zeichner von Disney zum Beispiel konnten morgens nicht schnell genug aus den Betten kommen, um an ihre Zeichenbretter zurückzukehren, erzählt uns *Bambi*-Veteran Jules Engle. Fermi und seine Kollegen vom Manhattan-Projekt beschäftigten sich sogar noch mit dem »Gadget« auf ihren Wanderausflügen in den Bergen und an den freien Sonntagen. Die Arbeit war nicht bloß faszinierend und von vitaler Bedeutung, sie war auch anregend, wenn nicht sogar beglückend. Für die Mitarbeiter eines genialen Teams bewahrheitet sich Noel Cowards Einsicht: »Arbeit macht mehr Spaß als Spaß!«

Irgend etwas geht in diesen Teams vor, das gewöhnlichen Gruppen fehlt – selbst den guten. Eine Art Alchimie ist im Spiel, aus der nicht nur Computerrevolutionen oder neue Kunstrichtungen hervorgehen können, es wird auch eine qualitative Veränderung aller Beteiligten wahrnehmbar. Selbst wenn dies nur für die Dauer des Projekts anhalten sollte: Die Mitwirkenden scheinen über sich hinauszuwachsen. Plötzlich sind sie in der Lage, mehr zu erkennen, mehr zu erreichen, und sie empfinden viel mehr Freude dabei als bei einsamer Tüftelei. Gruppen vom Kaliber PARCs in seinen besten Tagen oder der Disney Feature Animation sind natürlich selten. Aber es könnte mehr von ihnen geben.

Wohl viele von uns haben schon die frustrierende Erfahrung machen müssen, Teil einer Gruppe zu sein, die zwar das Potential für Großes hatte, es aber nie entfalten konnte. Der beständige Strom von Ideen und Einsatzfreude, der in genialen Teams nie versiegt, kam nicht in Gang, obwohl Begabung und Wille vorhanden waren und das Projekt selbst äußerst vielversprechend erschien. Im Rückblick auf solche verpaßten Gelegenheiten fragt man sich irritiert: »Was ist nur schiefgelaufen?«

Ein geniales Team ist mehr als nur die Summe seiner erstklassigen Experten. Es grenzt an ein Wunder. Aber eines, das sich nur unter ganz bestimmten Voraussetzungen vollziehen kann. Einige davon werden in einer recht instruktiven Szene des 1989 von Roland Joffe inszenierten Films über das Manhattan-Projekt, *Fat Man and Little Boy*, beschrieben. General Groves (Paul Newman) erkundigt sich bei Oppenheimer (Dwight Schultz), was man brauche, um das »Gadget« zu bauen. »Konzentration«, antwortet Oppenheimer und erwähnt damit ein wichtiges Element jedes genialen Teams. »Sie haben hier jede Menge exzellenter Köpfe, aber jeder tanzt nach einer anderen Melodie. Also, schaffen Sie sie alle an einen isolierten Ort ohne Ablenkungsmöglichkeiten. Anschließend stellen Sie ein Klima von schöpferischem Streß her, bis alle in Wettstreit miteinander treten, das Problem zu lösen. Und dann brauchen Sie nur noch einen Schiedsrichter ... «

Wie im wirklichen Leben war auch Oppenheimers Leinwandpendant die Bedeutung schöpferischer Zusammenarbeit bewußt. Es gibt zugegebenermaßen keine Garantie für großartige Leistungen innerhalb einer Gruppe, aber es gibt zumindest einige Möglichkeiten, die Erfolgsaussichten zu mehren: Jede der Gruppen, die uns als Beispiel dienten, kann uns wichtige Dinge lehren – einige davon sind nachahmenswert, andere sollten uns eine Warnung sein. Im folgenden finden Sie 15 Kurzlektionen über geniale Teams:

1. Rekrutieren Sie für geniale Teams nur hervorragende Mitarbeiter

Wie Bob Taylor, Leiter des genialen Teams bei PARC, zu sagen pflegte: »Für ein großes Ziel kann man nicht genug gute Leute zusammenbringen.« Möglichst die Besten überhaupt zur Mitarbeit zu gewinnen, ist die erste Aufgabe zur Gründung eines genialen Teams. Menschen mit der Fähigkeit, etwas noch nie Dagewesenes zu erreichen, sind mehr als nur überdurchschnittlich begabt und intelligent – sie sind originell! Sie haben eine eigene Sichtweise der Dinge. Sie können die Lücken unseres Wissens verdeutlichen. Sie besitzen eine Antenne für ebenso interessante wie wichtige Probleme und auch die Fertigkeiten zu ihrer Lösung. Sie wollen neue Dinge anpacken, nicht die von gestern. Sie erkennen Zusammenhänge! Meistens verfügen sie über spezielle Fertigkeiten, ein breites Interessenspektrum mit einem vielfältigen Bezugsrahmen. Es handelt sich um überzeugte Generalisten – keine engstirnigen Spezialisten. Sie sind nie derart in eine bestimmte Disziplin eingebunden, daß sie nicht auch in anderen Bereichen Lösungsmöglichkeiten entdecken könnten. In erster Linie sind sie Problemlöser, erst dann Computerexperten oder Trickfilmspezialisten. Nie hören sie auf, neue Verbindungen herzustellen und über Möglichkeiten, Dinge zu verbessern, nachzusinnen – eher stellen sie das Atmen ein! Sie haben die Hartnäckigkeit, die man braucht, um irgend etwas von Wert zu erreichen.

2. An der Spitze eines genialen Teams muß ein starker Leiter stehen

Dies ist ein Paradoxon kreativer Gruppen: Einerseits setzen sie sich aus außergewöhnlich Begabten zusammen, die gleichberechtigt miteinander arbeiten, andererseits gibt es immer eine zentrale Person, die das Genie koordiniert. Diese Person ist ein pragmatischer Träumer mit einer originellen aber machbaren Vision. Der solcherart Träumende ist bei der Umsetzung seiner Vision angewiesen auf andere, die nur unter der Bedingung, frei und ungebunden arbeiten zu können, auch außerordentliche Leistungen vollbringen. Gewöhnlich stellt der Leiter selbst seine Mannschaft zusammen, indem er seine Vision derart verlockend vermittelt, daß die Umworbenen nichts Eiligeres zu tun haben, als sich für das Projekt zu verpflichten.

Innerhalb des Teams agiert ihr Leiter oft als eine Art »dienstbarer Geist«, der die anderen auf Zielkurs hält und – angesichts permanenter Anspannung und unvermeidlicher Rückschläge – jede Ablenkung fern- und die Moral hochhält. Eine der bescheidenen Freuden genialer Teams: Sie sind fast nie bürokratisch. Alle Beteiligten fühlen sich frei von Alltagseinerlei, Willkür und Zwang. Der Leiter ist für jedermann jederzeit ansprechbar; Entscheidungen können deshalb meist schnell und umstandslos gefällt werden.

Führungspersönlichkeiten genialer Teams müssen notwendigerweise ein gutes Einfühlungsvermögen besitzen. Sie sind nicht in der gleichen Weise schöpferisch wie ihre Mitarbeiter, eher läßt sich ihre Rolle als die eines Kurators umschreiben, dessen Hauptfunktion darin besteht, eine Auswahl zu treffen. Die Kunst, die Vortrefflichkeit anderer zu erkennen und angemessen zu würdigen, ist eine der wichtigsten Eigenschaften von Leitern genialer Teams. Oppenheimer beherrschte keineswegs sämtliche Fertigkeiten, die zum Bau der Atombombe erforderlich waren. Er kannte jedoch die Menschen, die sie beherrschten, genauso wie er verschiedene Lösungen gegeneinander abwägen konnte, um sich für die optimale zu entscheiden. Solche Leiter sind wie Dirigenten, vielleicht nicht gerade geeignet, Mozarts erstes Violinkonzert aufzuführen, aber ihr umfassendes Verständnis des Werks ermöglicht ihnen, eine Umgebung zu schaffen, in der es sich verwirklichen läßt.

Die Frage des Respekts ist überaus wichtig, vor allem des Respekts vor Menschen, die intelligenter oder fähiger sind als wir selbst. Geniale Teams sind freiwillige Zusammenschlüsse. Die Mitarbeiter sind nicht wegen Geld und Ruhm beteiligt, sondern aus Liebe zu ihrer Arbeit, aus Liebe zum Projekt. Deshalb muß jeder von der Integrität und der Redlichkeit des Vorgesetzten gegenüber seiner Aufgabe überzeugt sein. Heilige werden auch in genialen Teams nicht verlangt – dafür absolute Vertrauenswürdigkeit in bezug auf das Projekt. Kelly Johnson etwa mag seinerzeit durchaus ein Brummbär gewesen sein, aber er wurde von den Skunk Works insgeheim verehrt, weil er sich weigerte, beim Bau von Flugzeugen Kompromisse einzugehen. Lieber schickte er Millionen von Dollars zurück, als ein Projekt fortzuführen, von dem er nicht überzeugt war. Walt Disney – um ein anderes Beispiel zu nennen – war ein reizbarer, mitunter kleinlicher Mensch, aber seine Mitarbeiter, die an den klassischen Zeichentrickfilmen arbeiteten, konnten sich stets auf die Unfehlbarkeit seines Urteils verlassen.

Geniale Teams strafen das hartnäckige Vorurteil Lügen, wonach erfolgreiche Einrichtungen nichts weiter seien als der verlängerte Arm eines großen Mannes oder einer großen Frau. So einfach ist die Wirklichkeit nicht, daß ein Mensch allein ohne weiteres komplexe Probleme lösen könnte. Unsere Vorliebe für Heldengestalten läßt sich kaum mit der Tatsache in Einklang bringen, daß es zur Lösung vieler Probleme der vereinten Anstrengung von mehreren bedarf. Edison hielt stets unter großem Aufwand die Illusion aufrecht, all die wunderbaren Erfindungen seien fix und fertig seinem fruchtbaren Gehirn entsprungen; wahr ist, er hatte reichlich Unterstützung durch zahlreiche Mitarbeiter, die allerdings unerwähnt blieben. In unserer ständigem Wandel unterworfenen globalen, hochtechnisierten Gesellschaft ist Zusammenarbeit schlichte Notwendigkeit. Der einsame Held, diese Verkörperung des erfolgreichen Einzelkämpfers, der alle Schwierigkeiten im Alleingang aus der Welt schafft, ist endgültig tot! An seiner Stelle ist ein neues Modell kreativer Leistungsfähigkeit erfolgreich: das geniale Team.

Geniale Teams kommen nicht ohne starke Führungskräfte aus, aber sie sind bei weitem mehr als deren verlängerter Arm. Walt Disney und Steve Jobs haben geniale Teams nicht nur geleitet, sie fanden in ihnen zu ihrer eigenen Größe. Oppenheimer – darauf weist Howard Gardner hin – zeigte zum Beispiel weder vor noch nach dem Manhattan-Projekt besondere Verwaltungsfähigkeiten. Aber in dem Moment, als die Welt ihn brauchte, war er in der Lage, innere Ressourcen zu aktivieren, deren Existenz wahrscheinlich sogar ihn selbst überraschten.

Zwangsläufig muß der Leiter eines genialen Teams einen der Gruppe angemessenen Führungsstil entwickeln. Gängige Standardmodelle, besonders der Kommando-Kontroll-Stil, funktionieren hier einfach nicht. Die Leiter genialer Teams haben zwar entschieden zu handeln – niemals aber willkürlich. Sie müssen Entscheidungen treffen, ohne die Autonomie der Gruppenteilnehmer einzuschränken. Eine Atmosphäre zu schaffen und aufrechtzuerhalten, in der begabte Individuen etwas hervorbringen, was die Welt verändert, das ist der schöpferische Beitrag eines hervorragenden Leiters.

3. Die Leiter genialer Teams müssen Talent lieben und wissen, wie sie es finden

Die Leiter genialer Teams sind selbstsicher genug, Menschen, die begabter und intelligenter sind als sie selbst, zu führen. Sie können sich weiden am Talent anderer.

Wo aber findet man Menschen, die für ein geniales Team geeignet sind? Manchmal kommen sie von allein: Begabte haben eine Witterung für vielversprechende Orte voller Energie, Orte, an denen die Zukunft geformt wird. Sie spüren den Zeitgeist und forschen ihm mit Gleichgesinnten nach. Bestimmte Schulen und Fakultäten üben geradezu magnetische Anziehungskraft auf sie aus. Desgleichen bestimmte Städte. Für viele Programmierer und für die besten Rockmusiker einer bestimmten Richtung führen alle Straßen nach Seattle. Auch Cyberspace ist zu einem Ort geworden, an dem talentierte Menschen zusammenkommen – unabhängig von der Geographie.

Mundpropaganda tut manchmal das ihrige. Oft hängt die Qualität der Gruppe vom Netzwerk ihres Leiters ab. Der Anfang vieler genialer Teams war ein Adressbuch von beachtlichem Inhalt. Oppenheimer kannte die Physiker, die er für das Manhattan-Projekt wollte. Als Mitglied der internationalen Gemeinschaft aller Physiker, die an den besten Schulen unterrichteten, war er durch Fachjournale und internationale Konferenzen immer über deren aktuellen Forschungsstand auf dem laufenden. Bob Taylor kannte die begabtesten Computerwissenschaftler seiner Zeit, weil er deren Arbeit für die öffentliche Förderung beurteilen mußte.

Je weiter und vielseitiger das Beziehungsgeflecht, desto beträchtlicher das Potential des entsprechenden Teams. Je unterschiedlicher die Zusammensetzung, um so eher kommen Verbindungen zustande, aus denen neue Ideen hervorgehen. Mitglied einer Gruppe hochbegabter Menschen zu sein, bleibt nicht ohne tiefgreifende Rückwirkungen auf den einzelnen. Die Teilnehmer wissen sehr wohl, daß ihre Aufnahme eine Bestätigung der eigenen Vortrefflichkeit ist. Jeder in einer solchen Gruppe ist von da an Konkurrent in dem Bestreben, mindestens so gut oder womöglich noch besser zu sein als die anderen, doch auch die Wertschätzung von Menschen zu erwerben, denen man selbst den größten Respekt entgegenbringt.

Wegen all der Giganten um sich herum meint jeder, sich ständig recken zu müssen. Den wirklichen Wettstreit aber führt man mit sich selbst – es ist ein fortwährender Test, wie gut man ist und wie umfassend man seine Talente ausschöpfen kann.

4. Die hochbegabten Mitglieder genialer Teams müssen zur Zusammenarbeit fähig sein

Das scheint auf den ersten Blick selbstverständlich. Doch Talent wirkt oft blendend und verführerisch, so daß der Leiter manchmal vergißt, daß Hochbegabte sich mitunter nicht auf andere einstellen können. Gewisse Aufgaben lassen sich aber nun einmal nur in Zusammenarbeit bewältigen. Deshalb ist es Unsinn, Leute – wie begabt auch immer – heranzuziehen, die unfähig sind, Seite an Seite auf ein gemeinsames Ziel hinzuarbeiten.

Joseph Rotblat, der 1996 den Nobelpreis für seine lebenslangen Bemühungen um die Abschaffung der Nuklearwaffen erhielt, war der einzige Wissenschaftler, der das Manhattan-Projekt aus moralischen Gründen verließ, entsetzt über die Bereitschaft der beteiligten Wissenschaftler, ihre Erkenntnisse den Sowjets und anderen vorzuenthalten. Trotz seiner außerordentlichen Befähigung als theoretischer Physiker eignete er sich nicht für das Manhattan-Projekt, weil seine kompromißlose persönliche Einstellung mit jener der Gruppe unvereinbar war. Seine tiefe Überzeugung veranlaßte Rotblat zur Gründung einer eigenen Gruppe, den in London etablierten »Pugwash Conferences«, die ihre Aufgabe darin sieht, Wissenschaft und nukleare Entwaffnung öffentlich zu machen.

Auch wenn Fähigkeit zur Zusammenarbeit eine Voraussetzung für die Mitgliedschaft in einem genialen Team ist, eine freundliche Persönlichkeit, oder gar eine angenehme, ist keine Bedingung. Geniale Teams sind gegenüber persönlichen Eigenarten nachsichtiger als andere, und sei es nur deshalb, weil jeder von seiner Arbeit völlig absorbiert wird. Die alles beherrschende Mission hat den Effekt eines sozialen Gleitmittels, das die Reibung vermindert. Der Informationsaustausch und das Vorantreiben der Sache sind die tatsächlichen sozialen Verpflichtungen.

Ein guter Kollege wird in einem genialen Team anders definiert. Wenn ihr Lebensinhalt darin besteht, der Menschheit neue Wege zu eröffnen oder irgendein anderes hochgestecktes Ziel zu verfolgen, sind sie vielleicht bereit, dem Kollegen, der sie dabei unterstützt, ein paar Beschränktheiten nachzusehen. Schließlich wissen Menschen, die mit weltbewegenden Gemeinschaftsunternehmen befaßt sind, Partner, mit denen sie sich messen und ihre Ideen erproben können, außerordentlich zu schätzen. Gewöhnliche Leutseligkeit ist dort nicht unbedingt ein Vorzug!

Richard Feynman war in seinen jungen Jahren berüchtigt dafür, seine älteren, berühmteren Kollegen in Los Alamos unumwunden darauf hinzuweisen, wenn er eine ihrer Ideen fragwürdig fand. Innerhalb des Projekts schätzte man diese Eigenart Feynmans hoch, weil seine undiplomatische Stellungnahme unweigerlich Rückfragen aufwarf oder nochmaliges genaues Überdenken erforderlich machte (und den theoretischen Ansatz schlagartig auf ein höheres Niveau hob). Bei mindestens einer Gelegenheit bedrängte Niels Bohr Feynman, sich zu seinen Ideen zu äußern, weil er wußte, Feynman würde freimütig seine Meinung dazu kundtun und sich nicht – wie so viele andere – von Bohrs überragendem Ruf einschüchtern lassen. Ob Feynmans Mitstreiter ihn nun mochten oder nicht, er war als guter Kollege anerkannt – er brachte die gemeinsame Sache voran!

5. Geniale Teams müssen von einer starken Vision beseelt sein

Ob sie einen Kandidaten ins Weiße Haus bringen wollen oder gleich die ganze freie Welt retten, geniale Teams haben immer unter dem Vorzeichen gehandelt, etwas überaus Wichtiges, wenn nicht gar Heiliges zu tun. Es sind Gläubige, nicht Zweifler, und die Umschreibungen, die sie für ihre Arbeit gebrauchen, erinnern nicht zufällig an die Phraseologien von Krieg und Religion. Ihr Eifer ist vergleichbar mit dem von Konvertierten.

Geniale Teams führen heilige Kriege und ihre seelische Bereitschaft ist dementsprechend. Sie wissen, sie müssen für ihre Mitgliedschaft Opfer bringen, aber es bedeutet auch, Teil einer monumentalen Unternehmung zu sein, die den höchsten Einsatz rechtfertigt. Wenn jemand wie rasend Computercodes abfaßt, aufgetankt mit Coca-Cola und Pizza, dann kümmert er sich kaum noch um den tieferen Sinn seiner Tätigkeit. Er geht ganz und gar in seiner Aufgabe auf. Aber sie sind weit entfernt von Individuen, die endlose Stunden mit Videospielen und trivialem Zeitvertreib zubringen. Ihre klar umrissene gemeinsame Absicht verleiht all ihren Unternehmungen Wert und Bedeutung. Eine mächtige Vision kann etwas verklären, das andernfalls auf sinnlose Plackerei hinausliefe. Beim Manhattan-Projekt waren die Wissenschaftler bereit, ihre Karriere zu unterbrechen, um etwas zu versuchen, was im Kern nichts weiter als eine beachtliche Ingenieursleistung darstellte. Aber sie waren überzeugt davon, daß der Fortbestand der freien Welt davon abhing. Rückblickend erzählt Feynman von einer Begebenheit, die treffend die Auswirkungen einer starken Vision illustriert:

Die Armee hatte talentierte Ingenieure von überall in den Vereinigten Staaten für spezielle Aufgaben des Projekts angeworben. Sie wurden angewiesen, mit den primitiven Computern jener Zeit Berechnungen des Energieverbrauchs und andere ermüdende Tätigkeiten vorzunehmen. Besessen von ihren Sicherheitsvorschriften, ließ die Armee diese Leute über den Zweck des Ganzen im Ungewissen. Die Ingenieure wußten nicht, daß sie halfen, eine Waffe zu bauen, die den Weltkrieg beenden konnte; wozu ihre Berechnungen letztendlich dienten, blieb ihnen völlig schleierhaft. Man erwartete von ihnen lediglich, daß sie ihre Arbeit taten, und das taten sie denn auch – langsam und nicht besonders gut. Feynman, der den Technikern vorstand, brachte seine Vorgesetzten schließlich doch dazu, den Leuten Sinn und Zweck ihrer Tätigkeit zu offenbaren. Es wurde die Erlaubnis erteilt, den Schleier des Geheimnisses zu lüften. Oppenheimer selbst hielt ihnen eine spezielle Vorlesung über die Natur des Projekts und ihres besonderen Beitrags.

»Plötzlich waren sie wie verwandelt«, erzählt Feynman. »Sie erfanden Methoden, die Arbeit effektiver zu erledigen. Sie stellten einen Plan auf. Selbst nachts wurde gearbeitet. Während der Nachtschicht verzichteten sie auf die Aufsicht. Sie benötigten gar nichts. Sie erfanden sogar mehrere Programme, die wir schließlich anwendeten.«

Wie es sich für einen Wissenschaftler gehört, kalkulierte Feynman auch gleich den Zeitgewinn: Die Arbeit wurde »fast zehnmal schneller erledigt, weil sie plötzlich einen Sinn bekommen hatte«.

Fähige Führungspersönlichkeiten inspirieren auch mit weniger bedeutsamen Aufgaben betraute Gruppen. James Carville war ganz besonders geschickt darin, Mitarbeiterstab und Freiwillige im »Kriegsraum« auf Hochtouren zu halten. Wie Steve Jobs von Apple hatte er die Gabe, eine Sprache zu kultivieren, die harte Arbeit sehr wichtig und gleichzeitig wie einen Spaß erscheinen ließ.

Für Herb Kelleher, den Vorstandsvorsitzenden von South West Airlines, hat Spaß eine hohe Priorität innerhalb seiner innovativen und überaus erfolgreichen Fluglinie. Unermüdlich predigt er seinem Team die besondere Mission des Unternehmens: South West Airlines versorge die Kunden nicht nur mit billigen Flügen von Dallas nach Tuscon – sie biete ihren Passagieren etwas viel Wertvolleres: die »Freiheit des Reisens«.

Die Leiter genialer Teams verstehen sich auch auf Rhetorik! Sie trommeln Krieger für Kreuzzüge zusammen, nicht für Jobs.

6. Ein geniales Team muß wie eine Insel sein – jedoch mit einer Brücke zum Festland

Geniale Teams werden irgendwann zu einer eigenen kleinen Welt. Sie entfernen sich zunehmend auch physisch von der äußeren Welt. Los Alamos etwa lag auf einem Hochplateau in der Wüste, meilenweit von Santa Fe entfernt, eingezäunt mit Stacheldraht. Die Skunk Works agierten als eigene, unabhängige Einheit zwar innerhalb von Lockheed, ihre geheime Beschäftigung führten sie jedoch hinter nicht gekennzeichneten Türen aus. Menschen, die die Welt verändern wollen, müssen sich zunächst von ihr abwenden, weg von ihren Irritationen, aber mit Zugang zu ihren Ressourcen. Geniale Teams bilden jedoch keine Klöster. Wie die meisten Menschen in Isolation entwickeln sie eine eigene Kultur –

mit eigenen Bräuchen, eigener Kleidung, Scherzen und einer exklusiven Privatsprache. Für die ihnen wichtigen Dinge denken sie sich eigene Namen aus; diese Geheimsprache hilft, die Gruppe noch fester zusammenzubinden und Außenseiter draußen zu halten. Solche Gruppen hüten ihre kleinen Geheimnisse wie einen Schatz.

In genialen Teams gibt es auch jede Menge Spaß! Die ständige Hochspannung entlädt sich zuweilen und schlägt in Albernheit um. Die Zeitschrift *Fortune* beschrieb diese verrückte Eigenart bei Netobjects, einem Software-Neuling in Redwood City, Kalifornien, wo die Mitarbeiter unter Zeitdruck ein überlegenes Web-site-Design zu entwickeln versuchten. Eingepfercht in engen Kammern, verließ das Team das Gebäude noch nicht einmal zum Mittag- oder Abendessen. Die einzige Unterbrechung bestand in einem morgendlichen Pingpong-Match. Alle trugen die gleichen Mützen, die sogleich jedem Neuling verpaßt wurden.

In genialen Teams gibt es nicht nur Spaß, sie sind auch auf besondere Art sexy: In dieser engen und intensiven Zusammenarbeit entsteht zuweilen eine erotisch aufgeladene Atmosphäre.

7. Begeistern Sie das geniale Team für die Rolle siegreicher Underdogs

Geniale Teams sehen sich gern als schlauen kleinen David, der den rückwärts gewandten Gegner Goliath mit frischen Ideen zur Strecke bringt. Viel von der fröhlichen Beschwingtheit genialer Teams nährt sich aus diesem Selbstbildnis von Emporkömmlingen, die den Hauptgewinn einem zwar größeren, aber weniger gewitzten Konkurrenten entreißen. Bei der Vermarktung des Macintosh, von Steve Jobs so brillant gemeistert, wurde dieser nicht müde, seine kleine Bande draufgängerischer Mac-Konstrukteure in Kontrast zum Industriegiganten IBM zu setzen. Der Mac, so tönte er, sei kein Computer für Opas.

Ähnlich war es bei der Wahlkampagne 1992: Clinton wurde als unverbrauchte Alternative zur Politik »as usual« von George Bush aufgebaut. Die Tatsache, daß Bush Amtsinhaber war, ein Insider und Repräsentant des Establishments, verlieh Clintons Kampagne zusätzliche Schubkraft.

8. Bauen Sie dem genialen Team ein Feindbild auf

Manchmal existiert dieser Feind tatsächlich – wie etwa Hitler und seine Verbündeten für das Manhattan-Projekt. Gibt es ihn aber nicht, dann muß man ihn eben erschaffen. Wozu? Nun – ohne Feind kein Krieg! Einerlei, ob es sich um einen echten Gegner handelt oder einen fiktiven, er dient dem gleichen Zweck: Er erhöht den Einsatz beim Wettbewerb, unterstützt den Zusammenhalt und das Selbstverständnis des Teams (es ist all das, was der Feind nicht ist), hilft ihm, sich zusammenzuraufen, und bewahrt es vor selbstgerechtem Haß.

Heutzutage ist es der Multimilliardär Bill Gates, der als Zielscheibe für jeden Computereinsteiger herhalten muß. Forschungsresultate der Sozialpsychologin Teresa M. Amabile bestätigen: Wettstreit mit Außenseitern verstärkt die

Schöpferkraft; Gewinner-Verlierer-Spiele innerhalb der Gruppe setzen sie herab.

9. Setzen Sie den Mitgliedern genialer Teams Scheuklappen auf

Sie können nur ihr Projekt sehen. Sie scheinen unberührt von Nebensächlichkeiten, einschließlich solcher an sich recht lobenswerter Dinge wie berufliches Fortkommen oder Verbesserung der privaten Verhältnisse. Darin sind sie anders als Abgänger von Eliteuniversitäten. In genialen Teams begegnet man nimmermüden Menschen, die dafür kämpfen, aus einer Idee eine Maschine zu entwickeln. Ihre Gärten und Goldfischteiche sind infolge Vernachlässigung längst verwahrlost. Solche Leute schrecken nachts nicht hoch vor Sorge, ob sie sich auch genügend um ihre Kinder kümmern. Für die Dauer ihrer Tätigkeit frönen sie nur einer einzigen Leidenschaft – der gegenwärtigen Aufgabe. Es besteht eine Liebesbeziehung der Teammitglieder zu ihrem Projekt. Gefesselt von dessen Schönheit und Rätselhaftigkeit, verlieren sie jedes Interesse an anderen Dingen, reden von nichts anderem, wollen nirgends sonst sein. Wenn sie dem Team beitreten, fragen sie nie: »Wieviel kann ich dort verdienen?« Statt dessen erkundigen sie sich: »Wann geht es endlich los?«

Aber es gibt auch eine Schattenseite: Nicht selten gehen die Mitglieder einen faustischen Handel ein, wenn sie die stillen Freuden des Alltags gegen die prickelnde Aufregung der Entdeckung tauschen. Zahlen müssen dafür die Familien. Für manche Gruppenmitglieder ist die besessene Arbeit die Droge ihrer Wahl, eine Fluchtmöglichkeit vor anderen

Verpflichtungen – ein Betäubungsmittel gegen Verlust und Leid.

10. Schüren Sie Optimismus, nicht Realismus

Geniale Teams glauben Dinge vollbringen zu können, die noch nie zuvor gelangen. Die Bezeichnung »Realismus« eignet sich nicht für diese Haltung. Geniale Teams bestehen aus vielen begabten jungen Menschen, die zuvor kaum an ihre Grenzen stießen oder erfahren mußten, daß das Leben auch entmutigende Lektionen bereithält. Sie wissen noch nicht, was sie *nicht* können. Tatsächlich sind sie nicht ganz sicher, ob es so etwas wie das Unmögliche überhaupt gibt. Glaubt man dem Psychologen Martin Seligman, so neigen Depressive weit eher zum Realismus als optimistische Charaktere, Optimisten – mag ihr Hochgefühl auch unbegründet sein – erreichen im großen und ganzen mehr. Sie schneiden zum Beispiel in der Schule besser ab. Wie Seligman in *Fortune* ausführte, sind diejenigen am erfolgreichsten, in denen sich »eine mäßige Begabung mit der Fähigkeit verbindet, auch angesichts der Niederlage nicht aufzugeben«.

In einer Studie für den Versicherungsgiganten Met Life fand Seligman heraus, daß optimistische Geschäftsleute ihre pessimistischen Kollegen um ein Drittel übertrumpften und überdies Optimismus ein sichereres Vorhersageinstrument für die allgemeine Produktivität abgab als alle sonstigen Standard-Meßmethoden des Unternehmens. Sollte Optimismus das Hauptmoment beim Verkauf von Versicherungen sein, um wieviel wichtiger ist er für Leute, die versuchen, schwierige Dinge unter Druck zu vollbringen. Große Ziele werden von begabten Leuten erreicht, die an ihren Erfolg glauben. (Wie Henry Ford schrieb: »Wenn du denkst, du schaffst es nicht, hast du recht. Denkst du aber, du schaffst es doch, hast du ebenfalls recht.«) Mitglieder genialer Teams sind gleichermaßen kritisch wie zuversichtlich. Alan Kay hat einmal gesagt: »Das Erfolgsrezept, gute wissenschaftliche Arbeit zu leisten, besteht darin, ungemein kritisch zu sein, ohne in Depressionen zu verfallen.« Geniale Teams verlieren auch angesichts hochkomplexer Probleme nie ihre Zuversicht, mehr noch – die Schwierigkeit ihrer Aufgabe verschafft ihnen ein zusätzliches Hochgefühl.

11. Lassen Sie jeden Mitarbeiter nur entsprechend seinen Interessen und Stärken arbeiten

Auch dies erscheint offensichtlich, aber die Unfähigkeit, für jeden die angemessene Nische zu finden – oder die Leute selbst die ihnen gemäße Nische finden zu lassen –, ist eine der Hauptursachen für die Mittelmäßigkeit vieler Unternehmen, ungeachtet der Verfügbarkeit talentierter Mitarbeiter.

Allzuviele Unternehmen halten ihre Mitarbeiter für austauschbar. Auf wirklich Begabte trifft das keinesfalls zu. Ihr Talent ist einzigartig. Sie lassen sich nicht in Rollen pressen, die ihnen nicht liegen. Exzellente Teamleiter verschaffen ihren ausgezeichneten Leuten deshalb genau die Art von Tätigkeit, für die sie praktisch geboren wurden. Trotz des enormen Drucks, »Little Boy« und »Fat Man« fertigzustellen, erlaubte Oppenheimer Edward Teller, ein entscheidendes Computerprojekt fallenzulassen, um statt dessen seine persönlichen Forschungsarbeiten weiterzuverfolgen, die irgendwann den Bau der Wasserstoffbombe ermöglichten, aktuell aber kaum Auswirkungen auf das anstehende Projekt hatten. Oppenheimer rechtfertigte seinen Schritt mit dem Argument, ein zufriedener Teller sei dem intellektuellen Austausch innerhalb des Teams nützlicher als ein mürrischer.

Viele Projekte kommen über Mittelmäßigkeit nie hinaus, weil die Verantwortlichen unter dem sogenannten Hollywood-Syndrom leiden, dem überheblichen Glauben, Macht gebühre der Vorzug vor Talent (so genannt wegen der in den USA verbreiteten Ansicht, daß jeder, der eine Rolle oder einen noch so kleinen Job beim Film bekommen hat, dankbar alles tun sollte, was von ihm verlangt wird, wie langweilig oder entwürdigend auch immer).

Nur wenn Person und Auftrag gut aufeinander abgestimmt sind, geht es mit der Arbeit begeistert voran. Geniale Teams schaffen die Atmosphäre, die für ihre Mitglieder am Arbeitsplatz Freude und Befriedigung bringt. Niemand von ihnen würde Xerox-Repräsentant Bob Sparacino zustimmen, der behauptet: »Die Leute sollen nicht arbeiten, weil es ihnen gefällt, sondern weil es weh tut.« Begabte Menschen arbeiten zu lassen, damit es weh tut, ist das Rezept für die organisatorische Katastrophe.

12. Die Leiter genialer Teams müssen ihren Schützlingen das geben, was sie brauchen, und ihnen den Rest vom Leib halten

Erfolgreiche Gruppen spiegeln das tiefgreifende, wenn auch nicht unbedingt bewußte Verständnis ihres Leiters für die

Bedürfnisse hervorragender Geister wider. Vor allem bedarf
es einer angemessenen Herausforderung, die es ihnen ermöglicht, den ganzen Reichtum ihrer Begabung auszu-
schöpfen. Dazu brauchen sie Kollegen, die sie anregen und
zusätzlich herausfordern – Menschen, die sie auch bewun-
dern können. Was ihnen weniger gefällt, sind alltägliche
Verrichtungen und Pflichten. Tüchtige Leiter räumen ihnen
deshalb alles Unwesentliche aus dem Weg. Geniale Teams
kommunizieren nicht über Aktennotizen. Auch Akten und
Berichte in dreifacher Ausfertigung gibt es dort nicht. Es
wird keine wertvolle Zeit an Verwaltungsprozeduren ver-
schwendet, die man besser zum Nachdenken nutzen kann.

Wie alle genialen Teams in diesem Buch zeigen, brauchen
Talente keine schicke Umgebung. Alte Garagen tun es zur
Not auch. Worauf sie allerdings viel Wert legen, ist das
richtige Werkzeug. Die Leiter von PARC drohten mit Kündigung, sollte das Labor nicht den Computer bauen dürfen,
den es benötigte, weil sie sich weigerten, die vorhandene
minderwertige Technologie zu benutzen. Die Verfügbarkeit
über neueste Technologie ist der Schlüssel zu schöpferischer
Zusammenarbeit. Das angemessene Instrumentarium ist ein
elementarer Bestandteil dieses Prozesses!

Geniale Teams betreiben effektiven Informationsaustausch. Viele Leiter verstanden es auf brillante Weise, jedes
Mitglied des Teams mit den Informationen zu versorgen, die
es benötigte. Bob Taylors wöchentliches Treffen war eine
einfache, aber wirksame Einrichtung, Daten und Einfälle
auszutauschen. Oppenheimer überwand selbst die starken
Sicherheitseinwände der Armee, um den Fluß und Austausch von Ideen und Kenntnissen zu gewährleisten. Er
selbst veranstaltete eigene wöchentliche Gesprächskreise.
Die Absicht hinter dieser Offenheit war nicht einfach demo-

kratischer Natur. Geniale Teams leben von Ideen – je mehr davon, desto besser. Ein Einfall zündet den nächsten. Ein einzelner oder eine spezielle Gruppe können über Erkenntnisse und Daten verfügen, die bei einem anderen eine halbfertige Idee in Gang setzen.

Geniale Teams kennen keine Kleiderordnung, feste Arbeitszeiten und ähnliche Willkürmaßnahmen. Die Freiheit, nach eigenem Rhythmus zu arbeiten und sich nach eigenen Vorstellungen zu kleiden, wird von jedem Gruppenmitglied hoch geschätzt. Die lässige Garderobe, die man bei genialen Teams so oft antrifft, reflektiert auch ihre unkonventionelle Geisteshaltung. Im Macintosh-Team wurden Jeans und T-Shirts zur Uniform der Erneuerer. In Anzug und Krawatte zu einem Vorstellungsgespräch bei einer brandheißen Newcomer-Company zu gehen, galt als sicherer Weg des Scheiterns – ebenso wie in Shorts bei IBM anzutreten.

13. Geniale Teams brauchen die Rückendeckung ihrer Leiter

Geniale Teams vollbringen Dinge, an die sich zuvor niemand herangewagt hat. Viele Unternehmen und Einrichtungen versichern zwar, äußerst interessiert an Innovation zu sein – tatsächlich vermeiden sie fast alles Neue, Nichtbewährte. Weil geniale Teams Neuland betreten, sind sie eher Mißverständnissen ausgesetzt als andere, werden beargwöhnt, manchmal gefürchtet. Tüchtige Teamleiter finden Mittel und Wege, ihre Mitarbeiter gegen bürokratische Einmischung abzuschirmen. Sie halten die »Krawattenträger« auf Distanz und ermöglichen so dem Team, ungestört zu

arbeiten. General Groves beherrschte diese Kunst meister-
haft. Kelly Johnson trat der Direktorenkonferenz von Lockheed bei, um den Interessen der Skunk Works mehr Einfluß
zu verschaffen. Der Leiter eines genialen Teams muß das
gemeinsame Projekt oder Produkt aber auch innerhalb der
Organisation durchsetzen. Die sonst durchaus kompetenten
Verantwortlichen bei PARC versagten, als es darum ging,
Xerox von der Serienherstellung des bahnbrechenden Computers zu überzeugen. Steve Jobs hatte zwar nicht den Ori-
ginalansatz für den Macintosh entwickelt, er versäumte jedoch nicht, den Apparat zu montieren und auszuliefern.

Eine wichtige Funktion des Teamleiters besteht darin,
den Streß in Schach zu halten. An Orten, wo man zu neuen
Grenzen vorstößt, herrscht gewöhnlich große Erregung (die
leider auch zu Herz- und Kreislaufbeschwerden führt). Freie
Sonntage, wie in Los Alamos oder bei den Skunk Works,
helfen da bisweilen. Zwischenmenschlicher Streß allerdings
ist heimtückischer. Wenn geniale Teams wirklich in ihr ak-
tuelles Projekt vertieft sind, kommen die sonst üblichen Ri-
valitäten und Ränkespiele meist gar nicht erst auf. Im Ide-
alfall trifft man dort Menschen an, die sich mit Respekt und
Sympathie begegnen. Nur selten schlägt der Streß so durch,
wie zum Beispiel bei James Carville, der in Clintons
»Kriegsraum« mitunter unangenehm und diktatorisch auf-
trat. Zivile Umgangsformen bilden das bevorzugte Klima
schöpferischen Zusammenwirkens.

In der heutigen Ära von Unterbeschäftigung und Arbeits-
losigkeit sind viele Arbeitsplätze zu aggressionsgeladenen,
regelrecht vergifteten Orten geworden, wo die Vorgesetzten
ihre Befugnisse mißbrauchen und die Angestellten sich gegenseitig korrumpieren. Eine solche Umgebung ist nicht nur
moralisch fragwürdig, sie unterbindet auch gute Arbeit!

Echte Kameradschaft, die darauf basiert, notfalls gemeinsam den Mond herunterzuholen, ist die ideale Atmosphäre
eines genialen Teams. Was die gute Laune dämpft, muß sofort aufgegriffen werden, bevor es das Projekt gefährden
kann. Taylors Konfliktlösungsmodell, die Belegschaft zu ermutigen, sich gegenseitig den verschiedenen Standpunkten
zu öffnen – auch wenn sie anderer Ansicht waren –, halte
ich in diesem Zusammenhang für besonders empfehlens-
wert.

Die Mitglieder genialer Teams brauchen viel Eigenstän-
digkeit: ohne sie kommt nichts Großartiges zustande. In
genialen Teams hat man begriffen, daß man das Talent sozusagen von der Leine lassen muß, damit es die einzigartigen Lösungen findet zu Problemen, die nur es allein sehen
kann. Disney war in der Lage, sich eine großartige Trickfi-
gur vorzustellen oder auf Anhieb ihre Großartigkeit zu begreifen, auch wenn er selbst nie imstande war, sie seinen
eigenen hohen Ansprüchen entsprechend auszuführen. Seine Trickzeichner beherrschten das Geheimnis, eine Disney-
Figur zum Leben zu erwecken. Die Leiter genialer Teams
ziehen statt der kleinmütigen Kontrolle die große Genugtuung vor, eine außerordentliche Errungenschaft angeregt zu
haben.

14. Geniale Teams brauchen keinen Druck von außen, ihr Genie treibt sie an

Die erfolgreiche Zusammenarbeit genialer Teams ist ein
»Traum mit Abgabetermin«. Dort brodelt es vor Aktivität.
Hier handelt es sich nicht um »Think-Tanks« oder Schutz-

zonen, einzig dafür vorgesehen, Ideen zu produzieren. In genialen Teams wird nicht nur geredet (obwohl dies oft in beträchtlichem Ausmaß geschieht). Es werden Produkte entwickelt – erstaunliche, beispiellose Dinge wie das Flugzeug, das nicht einmal von einer Fledermaus wahrgenommen werden kann. In genialen Teams wird zugepackt! Denken Sie nur an Kistiakowsky, den großen Chemiker beim Manhattan-Projekt, wie er den Macken eines Metallgusses mit einem Zahnbohrer zu Leibe rückte, weil es genau das war, was getan werden mußte.

Das Produkt, um das sich alle bemühen, bekommt innerhalb der Gruppe aber noch andere Funktionen. Es ist gleichsam die Vergegenständlichung des gemeinsamen Traums, aber es ist auch real: dieses Objekt, diese Aufgabe führt das Team zusammen, gibt ihm eine gemeinsame Basis und vermittelt ein Ziel, auf das es sich konzentrieren kann. Auch wenn die Menschen in diesen Produktionsgemeinschaften den Schaffensprozeß als solchen genießen, so wissen sie doch – irgendwann müssen sie damit zu einem Ende gelangen. In der Regel kämpft ein geniales Team so lange, bis das Projekt zu einem erfolgreichen Abschluß gekommen ist. Es gibt nicht auf, bis der neue Computer ausgeliefert ist – mit den Namen seiner Erfinder.

Neugier und die Fähigkeit zur Problemlösung allein reichen nicht aus. Der Auftrag muß ständig im Brennpunkt gehalten werden, bis er endlich vollendet ist. So wie Steve Jobs nicht müde wurde, seinem Team zuzurufen: »Echte Künstler liefern!«

15. Geniale Arbeit ist sich selbst Belohnung

Geniale Teams sind damit beschäftigt, verzwickte und bedeutende Probleme zu lösen. Eigenartigerweise ist dieser Prozeß ebenso mühevoll wie stimulierend. Irgendein urmenschlicher Drang, zu erforschen und zu entdecken, neue Zusammenhänge zu erkennen und sie in neue, wundervolle Dinge zu verwandeln, treibt die Gruppe vorwärts. Der Lohn ist weder Geld noch Ruhm. Immer wieder bekamen wir zu hören, sie hätten dies ebenso ohne Bezahlung gemacht. Ihre Belohnung ist der schöpferische Akt selbst. Intensives Denken veranlaßt das Gehirn, körpereigene Drogen auszuschütten, die regelrechte Glückszustände auslösen. Die Mitarbeiter bei PARC oder in Clintons Kriegsraum schwärmen noch im Rückblick, wie wunderbar es war, so hart und intensiv zu arbeiten. Daraus läßt sich durchaus eine Lehre ziehen, mit deren Hilfe sich schnell alle beklemmenden Arbeitsplätze in erträgliche umwandeln ließen: Die Menschen sehnen sich danach, gute Arbeit zu leisten! Gibt man ihnen eine sinnvolle Aufgabe, von der sie überzeugt sind, und die Chance, sie angemessen zu erledigen, so werden sie sich unermüdlich ans Werk machen. Kein noch so hoher Lohn kann innere Befriedigung ersetzen.

Menschen, die einmal bei einem genialen Team mitgewirkt haben, vergessen diese Zeit nie mehr, selbst wenn sie nur kurz war. Wir vermuten, daß diese genialen Zusammenschlüsse einer Art »Halbwertszeit« unterliegen, weil sie – schon allein ihrer Intensität wegen – keinen endlosen Bestand haben können. Da die kreative Zusammenarbeit von intellektuellen Entdeckern lebt, überrascht es nicht, daß sich diese genialen Teams meist nach der Fertigstellung ihres Produktes auflösen. Obgleich Los Alamos einen breiten

Raum in der Erinnerung der Ehemaligen einnimmt, dauerte diese aktive Phase des Manhattan-Projekts nicht länger als 36 Monate.

Warum zerfallen solche fruchtbaren Zusammenschlüsse? Möglicherweise erreichen die Beteiligten irgendwann ein Alter (30 oder 40?), in dem die Begeisterungsfähigkeit nachläßt, und sie stellen fest, daß eben manches sich nicht realisieren läßt. Oder aber die ganze Orientierung ändert sich, und das, was einmal ein spannendes Bündel Ideen war, ist mit einem Mal zur Orthodoxie erstarrt.

Einige wenige Teams bleiben jedoch über eine beneidenswerte Zeit erhalten. Disney Animation ist es gelungen, sich in den letzten Jahren gewissermaßen neu zu erfinden: dank Walt Disneys Methode, auch im Erwachsenen das Kind anzusprechen, vereint mit dem gesunden Geschäftssinn einer neuen Generation von Managern. Aber manchmal findet auch das eine oder andere Teammitglied nach Auflösung der Gruppe ein neues Betätigungsfeld, um sich weiterhin dem Abenteuer der Entdeckung widmen zu können. Steve Jobs erlebte bei Pixar, dem Studio, das *Toy Story* herstellte, ähnliche Höhenflüge wie zuvor mit dem Mac-Team. Bob Taylor war sowohl an der Entwicklung des Internet als auch des benutzerfreundlichen Computers beteiligt.

Kreative Zusammenarbeit ist ein derart machtvolles Phänomen, daß sich fast zwangsläufig auch moralische Aspekte ergeben. Bei unseren Untersuchungen stießen wir immer wieder auf eine Frage, die wir schließlich die »Wannsee-Frage« nannten. (»Wannsee« – der Berliner Vorort, wo Hitler und seine Truppe den Massenmord an der jüdischen Bevölkerung beschlossen.) Im Zusammenhang mit genialen Teams heißt die Frage: Ist kreative Zusammenarbeit mit einer bösen Absicht vereinbar? Die Antwort lautet: Ja! Die

Teilnehmer in Wannsee waren keine Genies; aber sie agierten mit einem teuflischen Ziel. Unter Verwendung der neuesten Technologie und mit missionarischem Eifer gelang es ihnen beinahe, in nur drei Jahren ein ganzes Volk auszurotten. Solange sich Begabung, Talent und Intelligenz auch für verwerfliche Zwecke hergeben (auch wenn es möglicherweise die emotionale Intelligenz ist, die dies begrenzt – trotz Heisenberg), sind schreckliche Erfindungen, die Verheerungen unvorstellbaren Ausmaßes bewirken können, weiterhin möglich.

Egal, ob in einer Gruppe eine Heilmethode für Krebs entwickelt wird oder in einer anderen eine Waffe, die die Menschheit auslöschen kann – schöpferisches Schaffen ist mit einem Vergnügen verbunden, das eine Art moralischer Lähmung verursachen kann. Die Aufgaben sind aufregend und so vereinnahmend, daß man, solange man sich in ihnen bewegt, die Maßstäbe für richtig/falsch und Recht/Unrecht verlieren kann. Viel zu häufig investieren begabte Menschen all ihre Intelligenz und Energie in einen unwürdigen Zweck – die Entwicklung des asbesthaltigen »Micronite«-Zigarettenfilters für Kent ist dafür ein Beispiel. Geniale Teams sind wie Achterbahnfahrten; all die aufgeputschten Gefühle können die Teilnehmer davon abhalten, den Gehalt eines Vorhabens eingehend zu prüfen (etwas, was wir alle mit bedenklicher Regelmäßigkeit unterlassen).

Ein warnendes Beispiel hierfür ist das Manhattan-Projekt: Feynman erzählte von einer Episode direkt nach dem Trinity-Bombentest, der die Welt für immer veränderte. »Es herrschte eine enorme Begeisterung«, erinnert er sich. »Alle veranstalteten Partys, und wir zogen von einer zur anderen. Ich saß hinten auf einem Jeep und fing an zu trommeln. Es gab nur einen einzigen Menschen, der für sich blieb und

ernst und traurig vor sich hin starrte: Bob Wilson.« Feynman wollte von Wilson wissen, warum er so bedrückt sei.
»Wir haben da ein entsetzliches Ding geschaffen«, gab Wilson zur Antwort. »Aber du selbst hast damit angefangen«,
gab Feynman zurück, »du hast uns da reingeritten.« Und
plötzlich verstand Feynman, was mit all diesen hervorragenden Wissenschaftlern geschehen war: »Wir hatten mit
guter Absicht unsere Aufgabe in Angriff genommen, aber
irgendwann arbeitete man nur noch zu dem alleinigen
Zweck, Fortschritte zu erzielen – und es macht Spaß, es ist
aufregend. Aber man hört einfach auf zu denken, verstehen
Sie, man hört einfach damit auf!«

Selbst in einem genialen Team ist es nicht möglich, so
intensiv zu denken, daß man dabei das Denken vergißt.

Quellennotizen

Die Entzauberung des einsamen Helden

Wie bei kreativer Zusammenarbeit üblich, mußten wir verschiedene Quellen heranziehen, um unsere Ideen zu entwickeln. John Briggs Klassiker *Fire in the Crucible* (New York: St. Martin's, 1988), der Material über Pilobolus enthält, ist eine besonders gut geschriebene und provokative Untersuchung des Themas. Herold J. Leavitts und Jean Lipman-Blumens unveröffentlichtes *Hot Groups: Their Seeding, Feeding, Weeding and Harvesting* ist ebenso einfühlsam wie hervorragend verfaßt, Howard Gardners *Leading Minds, An Anatomy of Leadership* (New York: Basic Books, 1995. Deutsch: *Die Zukunft der Vorbilder: ein Profil der innovativen Führungskraft*, Stuttgart: Klett-Cotta, 1997) war besonders hilfreich wegen seiner Analyse von Oppenheimers Führungsrolle beim Manhattan-Projekt. Der Psychologe Martin E. P. Seligman hat bahnbrechende Forschungsarbeit über Optimismus und Kreativität geleistet. Wir benutzten seinen Klassiker *Learned Optimism* (New York: Knopf, 1991. Deutsch: *Pessimisten küßt man nicht:*

Optimismus kann man lernen, München: Droemer Knaur, 1991) sehr häufig. Zusätzliches Material von Seligman stammt von Alan Farnhams »Are You Smart Enough to Keep Your Job?«, einem Artikel in der Ausgabe vom 15. Januar 1996 der Zeitschrift *Fortune.* Howard S. Beckers *Art Worlds* (Berkeley: University of California Press, 1982) ist eine großartige Untersuchung künstlerischer Kreativität. Die Sozialpsychologin Teresa M. Amabile war eine der ersten, die Kreativität auf eine methodische Art untersuchte. Ihr *Creativity in Context* (Boulder, Co.: Westview Press, 1996) war ganz besonders hilfreich, weil es die wichtigsten wissenschaftlichen Ergebnisse zum Thema des vorliegenden Buches zusammenfaßt. Niemand war ergiebiger als Michael P. Farrell. Sein »Artists' Circles and the Development of Artists« (in *Small Group Behavior,* November 1982) war eine wichtige Quelle, insbesondere das Kapitel seines Buches *Collaborative Friendship Circles, Creative Work, and Adult Development,* das er uns noch vor der Veröffentlichung zur Verfügung stellte. Viel Anregendes fanden wir auch in *Groups That Work (and Those That Don't),* herausgegeben von J. Richard Hackman (San Francisco: Jossey-Bass, 1990). Phil Jacksons Betrachtung über Dennis Rodman erschien in *The New York Times Magazine* innerhalb eines Beitrags von Jeff Coplon über die Chicago Bulls, »Legends. Champions?« (21. April 1996). Das Material über Michael Eisner stammt aus einer Rede, die er vor dem Chicago Executives Club im Chicago Hilton am 19. April 1996 hielt. Robert Boyle erinnert sich an Hitchcock in einem Interview im Jahre 1996. Martinez sprach über Rekrutierung in »What Exactly Is Charisma?« in einem Interview von Patricia Sellers in *Fortune,* 15. Januar 1996. (Aus der gleichen Quelle stammt die Betrachtung von Orit Gadiesh über »true north«.) Christopher Darden schreibt über Marcia Clark in »Marcia and Me« in *Newsweek* (25. März 1996). Welch faßte seine Führungsverantwortlichkeiten in »Where Leaders Come From?« in *Fortune*, 19. September 1994, zusammen. Neil Baldwins ausgezeichnete Biographie *Edison: Inventing the Century* (New York: Hyperion, 1995) war eine Quelle, die uns über die Anwerbungsmethoden des Erfinders Auskunft gab.

Lickliders Begeisterung für den Miller-Analogie-Test offenbart sich in einer Geschichte über die Geburt des Internets, veröffentlicht in *When Wizards Stay Up Late: The Origins of the Internet* (New York: Simon and Schuster, 1996) von Katie Hafner und Matthew Lyon.

Die Disney-Truppe

Peter Schneider, Geschäftsführer der Feature Animation bei Disney während der anhaltenden Renaissance des Unternehmens, stand uns freundlich Rede und Antwort über die gegenwärtige Organisation zur Steigerung des schöpferischen Potentials unter Beachtung der Verleihtermine. Wir sind dankbar für seine Offenheit, seinen Kenntnisreichtum und für seine Unterstützung. Über Walt Disney ist viel veröffentlicht worden. Unter Disneys Biographien fanden wir Leonard Mosleys *Disney's World* (Lanham, Md.: Scarborough House, 1990) voll informativer Anekdoten und weniger schönfärberisch als manch andere. Ebenso nützliche Informationen enthielt der Band *The Man Behind the Magic: The Story of Walt Disney* von Katherine und Richard Greene (New York: Viking, 1991). Eine der besten Quellen für detaillierte Informationen über die Herstellung von

Snow White and the Seven Dwarfs ist John Grants *Encyclopedia of Walt Disney's Animated Characters* (New York: Hyperion, 1993), ein absolutes »Muß« für jeden Zeichentrickfilm-Interessenten. Leonard Maltins exzellentes *Of Mice and Magic: A History of American Animated Cartoons* (New York: Plume, 1987) enthält ein gelungenes Kapitel über Walt Disney (das unter anderem auch Informationen über Shamus Culhane enthält).

Filmhistoriker Rudy Behlmer bringt ebenso einen hervorragenden faktenreichen Beitrag über *Snow White* in seinem *America's Favorite Movies: Behind the Scenes* (New York: Frederic Unger, 1982). Statt abgedroschene Hollywood-Legenden aufzuwärmen, gelang es Behlmer, Studioaufzeichnungen auszugraben, die den gesamten Produktionsprozeß dokumentieren. Eine andere, äußerst nützliche Quelle war eine etwas ungewöhnliche, nicht gerade von Disney abgesegnete Essay-Sammlung unter der Überschrift *Disney Discourse: Producing the Magic Kingdom* (New York und London: Routledge, 1994). Paul Hollisters bezauberndes Porträt des Studios während der Herstellung *Fantasias*, das ursprünglich im *Atlantic Monthly* im Dezember 1940 erschien, ist ebenfalls in diesem Buch enthalten. Andere erstklassige Beiträge der Sammlung sind Richard deCordovas »The Mickey in Macy's Window: Childhood, Consumerism, and Disney Animation«; Robert De Roos' »The Magic Worlds of Walt Disney«, zuerst erschienen in der Augustausgabe von 1963 des *National Geographic*, in dem auch die Bienenepisode erzählt wird; außerdem Richard Neuperts »Painting a Plausible World: Disney's Colour Prototypes«; Douglas Gomery's »Disney's Business History: A Reinterpretation« und Jon Lewis' »Disney after Disney: Family Business and the Business of Family«. Disney selbst gibt regelmäßig verschwenderisch illustrierte Bände zu jedem neuen Trickfilmstart heraus. Einer, den wir besonders brauchbar fanden, ist der des Disney-Biographen Bob Thomas: *Disney's Art of Animation: From Mickey Mouse to Beauty and the Beast* (New York: Hyperion, 1991). Eine Menge wichtiger Einzelheiten entdeckten wir in Disneys *Aladdin: The Making of an Animated Film* (New York: Hyperion, 1992). Verfaßt von John Culhane, dem Neffen des großen Disney-Trickfilmzeichners, Shamus Culhane, führt es den Leser durch die vielen Stadien des Produktionsprozesses. Viele der Informationen über Andreas Deja stammen aus Betsy Sharkeys aufschlußreichem Porträt »The Heart and Soul of a New Animator« in der *New York Times* vom 19. Mai 1996. James Bates und Patrice Apodaca liefern eine erstklassige Analyse zu den steigenden Chancen heutiger Zeichentrickfilm-Spezialisten und der Herausforderung Disneys durch die Neugründung von Studios mit »Stalking the King of Animation« in der *Los Angeles Times* vom 20. Juni 1996. Burr Snider porträtiert John Lasseter und Pixar in »The Toy Story Story« in der *Wired*-Dezemberausgabe von 1995. Wir hatten das Glück, uns an den Gründer des Disney-Archivs, Dave Smith, mit unseren Fragen wenden zu können. Nebenbei ist er der Verfasser des letzten Wortes zu allem, was Disney betrifft, *Disney A to Z: The Official Encyclopedia* (New York: Hyperion, 1996).

Ein Computer mit rebellischer Seele

Glücklicherweise gelang es uns, Alan Kay, eine der Schlüsselpersonen bei der Konzeption des Personal-Computers, zu interviewen. Er vermittelte uns großzügig seine Kenntnisse über Bob Taylors erfolgreiche Koordination der Talente bei PARC. Er verschaffte uns einen lebendigen Eindruck davon, wie packend es gewesen sein muß, mit Leuten von Kays geistigem Potential zusammenzuwirken. Einige Sekundärquellen waren ebenfalls von unschätzbarem Wert. Die erste war *Fumbling the Future: How Xerox Invented, Then Ignored the First Personal Computer* von Douglas K. Smith und Robert C. Alexander (New York: William Morrow, 1988). Wenigen Autoren gelingt es so hervorragend, vielschichtige und miteinander verbundene Vorgänge, in diesem Falle die Geschichte einer triumphalen intellektuellen Reise und einer geschäftlichen Katastrophe, so lebendig zu erzählen. Das Buch ist voller Beispiele, wie kreative Zusammenarbeit sich fördern läßt (so auch Taylors Konfliktlösungstechnik) und wie man sie einsetzt. Eine andere Fundgrube war Steven Levys *Insanely Great: The Life and Times of Macintosh, the Computer That Changed Everything* (New York: Viking, 1994). Levys Buch ist mit schriftstellerischem Geschick verfaßt (auf einem Macintosh natürlich). Wie der Mac selbst ist es ein eleganter Artikel in handlichem Format. Levy entzaubert den technischen Aspekt der Computerstory und vergißt auch den Humor nicht (»Was ist der Unterschied zwischen Apple und Boy Scouts?«). Eine andere große Hilfe war Robert X. Cringelys locker geschriebenes, aber informatives Buch *Accidental Empires: How the Boys of Silicon Valley Make Their Millions, Battle Foreign Competition, and Still Can't Get a Date* (Reading, Mass.: Addison-Wesley, 1992. Deutsch: *Wie die Jungs von Silicon Valley die Milliarden scheffeln, die Konkurrenz bekriegen und trotzdem keine Frau bekommen,* Düsseldorf und Wien: Econ, 1993). Cringely, der sich stolz einen Klatschkolumnisten der Computerindustrie nennt, arbeitet die Persönlichkeiten hinter den Millionen heraus, gleichzeitig versteht er es, präzise und amüsant Theorien zu behandeln. Außerdem sahen wir uns die dreistündige Videoversion des Buches an, die von PBS 1996 unter dem Titel *Triumph of the Nerds* (von Ambrose Video) ausgestrahlt wurde. Gary Wolfs Interview mit Steve Jobs im *Wired*-Magazin vom Februar 1996 zeigt eine faszinierende Übersicht über die aktuellen Ansichten dieser Zentralfigur in der Geschichte des Personal-Computers. Auch Laurence Zuckermans auf den neuesten Stand gebrachtes Porträt der Mac-Künstlerin Susan Kare in der *New York Times* vom 26. August 1996 war recht hilfreich. Lloyd Kriegers Würdigung all der Macs, die er gekannt und geliebt hat, wurde in der *New York Times* vom 18. Februar 1996 veröffentlicht.

Wie man einen Ort namens Hoffnung verkauft

So ziemlich alles, was Sie über die Präsidentenwahl von 1992 in Erfahrung bringen können, enthält der Band *The Quest for the Presidency 1992*, ein umfassendes und starkes Beispiel für Journalismus als aktueller Geschichtsschreibung, verfaßt von Peter Goldman, Thomas M. DeFrank, Mark Miller, Andrew Murr und Tom Mathews in Zusammenarbeit mit Patrick Rogers und Melanie Cooper (College Station: Texas A&M University Press, 1994). Dieses Team von *Newsweek* hatte seltenen Zugang zu den Vorgängen hinter den Kulissen der Clinton-Kampagne. Es illustrierte die beachtliche Informationsmenge mit Dokumenten wie auch lebendig geschilderten Szenen jedes Stadiums während des Prozesses, der schließlich zur Clinton-Wahl 1992 führte. Wir halten es für unschätzbar wertvoll. Das gleiche Team war für eine andere ergiebige Quelle verantwortlich: Die Sonderausgabe von *Newsweek* anläßlich der Wahl (November/Dezember 1992). In mancher Hinsicht ist diese Ausgabe, Tage nach Clintons Wahlsieg veröffentlicht, sogar noch beeindruckkender als das Buch – ein Beispiel journalistischer Finesse unter Termindruck. Eine andere unverzichtbare Quelle war *All's Fair: Love, War, and Running for President* (New York: Random House, 1994). Gemeinsam verfaßt von dem politisch gegensätzlichen Paar Mary Matalin und James Carville, in Zusammenarbeit mit Peter Knobler, ist es ein Insider-Bericht der Kampagne aus dem Blickwinkel beider Parteien. Da unser Schwerpunkt auf der Clinton-Seite lag, war Carvilles Material besonders hilfreich. The Ragin' Cajun ist ebenfalls Star eines anderen Berichts, dessen wir uns bedienten, *The War Room*, Chris Hegedus und D. A. Pennebakers Dokumentationsfilm von 1993 über die Clinton-Kampagne, der später mit dem Oscar ausgezeichnet wurde. Es ist aufregend, miterleben zu können, wie dieses erstaunliche Team sich bildete, Übermenschliches leistete, um sich plötzlich mit der schockierenden Tatsache konfrontiert zu sehen, daß der Job erledigt war. Von beträchtlichem Nutzen, um dieses Kapitel wirklich auf den letzten Stand zu bringen, war ein Interview mit dem Präsidentenberater John Emerson 1996. Er war besonders wertvoll durch seine unermüdlichen Hinweise, was für eine Unmenge Menschen eine wichtige Rolle für den Wahlkampf spielten – ein nützliches Korrektiv der engen Sicht des Films. Während der gesamten Dauer der Kampagne von 1996, als Dick Morris aufstieg und stürzte und Bob Dole heldenhaft gegen die weitverbreitete Gleichgültigkeit gegenüber seiner Kandidatur ankämpfte, verfolgten wir die Berichterstattung des *Wall Street Journal*, der *New York Times*, der *Los Angeles Times* und anderer wichtiger Tageszeitungen, daneben die von *Time, Newsweek* und anderer Magazine. Doyle McManus' Leitartikel, »Into the Final Fray«, über das Auftreten des neuen, eher konservativen Clinton im *Los Angeles Times Magazine* vom 11. Februar 1996 war besonders aufschlußreich. Ebenso hilfreich war Alison Mitchells Blick in die Wahlkampfzentrale des Weißen Hauses in der *New York Times* vom 7. Mai 1996. Auch die Wahlkampferzählung *Primary Colors* (New York: Random House, 1996) (Deutsch: Klein, Joe: *Mit aller Macht*, München, Leipzig: List, 1996) lieferte uns wertvolle Informationen.

Die Skunk Works

Das beste Buch über Lockheeds supergeheime Abteilung ist *Skunk Works: A Personal Memoir of My Years at Lockheed* des späteren Leiters Ben R. Rich und des Schriftstellers Leo Janos (Boston: Little Brown, 1994). Wir stützten uns auf diese Quelle wegen ihrer bewundernswert klaren Darstellung der ungemein komplizierten Projekte, die dort in Angriff genommen wurden, aber auch wegen der Äußerungen und Bekenntnisse Richs und anderer über ihre Dienstjahre. Rich arbeitete sehr gut die Unterschiede seines Führungsstils gegenüber dem seines Vorgängers heraus. Unerhört nützlich war *Kelly: More Than My Share of It* des legendären Gründers der Abteilung Clarence L. »Kelly« Johnson, zusammen mit Maggie Smith (Washington, D. C.: Smithsonian Institution Press, 1985). Kellys Buch wurde abgefaßt während ei-

ner Zeit, in der viele der Skunk-Work-Projekte noch als
streng geheim eingestuft wurden, aber es entledigt sich seiner Aufgabe, die komplizierte Arbeit in verständlicher Sprache zu schildern, mit Bravour. Es fängt auch Kellys Barsch-
heit und die Qual der letzten Jahre seines Lebens ein. Glücklicherweise bekamen wir die Gelegenheit zu einem alle
Aspekte berührenden Interview über die Skunk Works mit
Chris Karen, der ehemaligen Leiterin des Forschungsbe-
reichs bei Lockheed. H. S. »Blackie« Shanlians Beschreibung der Anwerbemethoden Johnsons stammt aus Tom Peters *A Passion for Excellence* (New York: Random House,
1985. Deutsch: *Leistung aus Leidenschaft: über Management und Führung*, Hamburg: Hofmann und Campe,
1993).

Das Manhattan-Projekt

Selbst Oppenheimer wußte möglicherweise nicht soviel
über das Manhattan-Projekt wie Richard Rhodes. Rhodes
monumentalgeschichtliches Werk *The Making of the Atomic Bomb* (New York: Simon and Schuster, 1986. Deutsch:
*Die Atombombe oder die Geschichte des 8. Schöpfungsta-
ges*, Berlin: Greno, 1990) war unverzichtbares Werkzeug,
sowohl die wissenschaftliche Seite und die Technologie er-
faßbar zu machen als auch wegen der lebendigen Beiträge
über all die Mitspieler von Vannevar Bush bis Enrico Fermi.
Eine andere wertvolle Quelle war *Reminiscences of Los
Alamos, 1943–1945* (Dordrecht, Holland, und New York:
D. Reidel, 1980). Herausgegeben von Lawrence Badash,
Joseph O. Hirschfelder und Herbert P. Broida, ist diese

nützliche Ausgabe der fünfte Band einer Reihe mit dem Titel *Studies in the History of Modern Science.* Die Texte des verstorbenen Richard Feynman und von George Kistiakowsky waren besonders klar und voll interessanter Gedanken. Eine der besten und farbigsten Quellen bezüglich der Rolle der Frauen war *Standing By and Making Do: Women of Wartime Los Alamos*, herausgegeben von Jane S. Wilson und Charlotte Serber (Los Alamos, N. M.: The Los Alamos Historical Society, 1988). Diese Sammlung von Erinnerungen der Frauen zeigt die menschliche Seite des Projekts wie keine der anderen Einzelquellen. Wir lasen auch Robert Jungks Klassiker *Brighter Than a Thousand Suns: A Personal History of the Atomic Scientists* (San Diego und New York: Harcourt Brace Jovanovich, 1958. Deutsch: *Heller als tausend Sonnen: das Schicksal der Atomforscher*, Stuttgart und München: Deutscher Bücherbund, 1991) noch einmal. Weisskopfs Beschreibung, wie Oppenheimer überall dort aufzutauchen schien, wo er am nötigsten gebraucht wurde, ist bezeichnend für das reiche Material, das in den Interviews mit den Teilnehmern enthalten ist, die von den Los Alamos National Laboratory geführt wurden. Wilsons Erinnerungen an Oppenheimer stammen aus *All in Our Time*, herausgegeben von Jane S. Wilson (New York: Bulletin of the Atomic Scientists, 1974). I. I. Rabis Würdigung Oppenheimers ist eine von vielen aus der Sammlung *Oppenheimer* (New York: Scribners, 1967).

15 Regeln für das Management genialer Teams

Der Film *Fat Man and Little Boy* kam im Jahre 1989 unter der Regie von Roland Joffe nach einem Drehbuch von Bruce Robinson, Tony Garnett und Roland Joffe heraus. Feynmans Beschreibung, wie Sinn die Arbeit transformiert, und seine Erinnerungen an das Nachspiel des Trinity-Tests stammen von Badash und anderen.